Óleo de Gozo

Devocional De 40 Días Para Transformar Pérdidas En Esperanza

Madelin Rosado

Óleo De Gozo: Devocional De 40 Días Para Transformar Tus Perdidas En Esperanza

ISBN: 979-8-89692-930-7

Edición: José Luis Navajo (Ágora Literaria)

Diseños: Benny Rodríguez (My360Designs.com / AcademiaDeAutores.com)

Categoría: Vida Cristiana, Esperanza & Sanidad

Para info & invitaciones: pastoramadelinrosado@gmail.com.

Facebook: Pastora Madelin Rosado - Óleo de Gozo

Instagram: pastora_madelinrosado

Página Web: PastoraMadelinRosado.com

Dedicatoria

Dedico este escrito a cuantos han perdido a un ser querido o atraviesan algún tipo de gran pérdida que marcó un antes y un después, cambiándoles para siempre la vida.

En especial a mi familia: a mi hermano Wilfredo, mi cuñada Kelys, mis papás Wilfredo Rosado y Monserrate Vega, a mi esposo Josué Troche y a mis hijos Deriel y Ariana. Juntos nos pusimos en pie, aun cuando nos movieron el suelo. Su gracia nos sostuvo.

Agradecimientos

Doy gracias a Dios y al Espíritu Santo por permitirme escribir este libro; sin Su ayuda habría sido imposible. Gracias, Jesús, mi Salvador, por darme esperanza.

A mi esposo, el pastor Josué Troche, gracias por sostener mi mano en este duro proceso y apoyarme en este proyecto tan especial para mí, eres siempre mi cómplice, te amo. A mis hijos Deriel y Ariana, vieron como *"mami"* se levantó y se restauró por Dios, gracias por ser pacientes mientras escribía, los amo.

A Javier Rodríguez, gracias por colaborar con tu excepcional talento para ilustrar las imágenes presentadas. Cada vez que me mostrabas el trabajo final, me sacabas lágrimas.

A la Iglesia de Dios Pentecostal M.I. *"Casa de Bendición"* del barrio Balboa, Calle Ramos Antonini en Mayagüez, que pastoreábamos cuando vivimos el proceso de pérdida. Agradezco su paciencia, comprensión y oraciones mientras me recuperaba del duelo.

Al pastor José Luis Navajo. Encontrarme con usted fue, fuera de toda duda, una conexión que se gestó en el Cielo. Gracias por cada consejo, por su mentoría y por hacer de este libro una realidad.

A los Paramédicos del Alma, Organización sin fines de lucro dirigida por su presidente el pastor Rev. José Luis Rivera Nieves, a la Dra. Ileana Román, Consejera Cristiana, y a la Dra. Griselly García, Psicóloga Clínica. Ustedes fueron los instrumentos que Dios utilizó para que yo fuera restaurada. Estaré siempre agradecida por toda su ayuda.

Contenido

Prólogo

L o que estás a punto de leer es más que un libro: se trata de un testimonio de vida que por momentos te estremecerá, pero que en cada línea te inspirará. Su autora, Madelin Rosado, ha tenido el valor de abrir su alma y, de forma transparente, volcarla sobre el papel, confesándonos su vulnerabilidad, sus dudas, temores e incluso los terrores, que la sobrecogieron en un momento extremadamente duro de su vida.

Al editar este libro pude constatar que es cierto que hay noches en las que todo son preguntas, pero a medida que avanzaba en la lectura también comprobé con esperanza que también amanece el día en que llegan las respuestas.

A lo largo de cuarenta días, la autora nos conduce en un proceso, tan pormenorizado como estimulante, de lo que es un duelo. Quienes hayan pasado por uno se sentirán totalmente identificados; quien todavía no lo haya hecho, encontrará herramientas prácticas y efectivas para estos difíciles momentos.

Recomiendo este libro de manera especial a quienes ejercen consejería y a cuantos desempeñan una función de liderazgo pastoral o de acompañamiento a los que sufren. Pero la lectura de este volumen hará crecer a cualquiera que lo lea.

Algo que hace diferente a este trabajo de otros muchos que abordan temáticas similares, es que la autora no escribe desde la ciencia, sino desde su propia experiencia. Conoce el sabor de las lágrimas del doliente, porque las ha derramado. Es capaz de describir la vaciedad y el sufrimiento, porque lo ha vivido. Pero también puede relatar la esperanza y la nueva ilusión, porque las ha experimentado.

Madelin Rosado nos recuerda que todos sufrimos heridas, pero no todos logramos que sanen sin infectarse. Cuando el dolor es ingerido y adecuadamente digerido, nos hace más sabios y empáticos con quienes sufren. La herida bien sanada se convierte en cicatriz que gritará tres cosas: ¡Dolió! ¡Sanó! ¡Ahora puedo ayudar a otros a sanar!

Precisamente esto último es lo que hace la autora a través de este libro: ayuda a sanar a quienes sienten roto el corazón, porque ella vio su corazón quebrado, pero Dios lo reconstruyó. Puedo asegurarte que cuando salgas de este libro serás de un tamaño diferente; sin duda habrás crecido.

Mientras avanzas en los capítulos, podrás sentir la mano de Dios suturando tus heridas con hilo de oro. Percibirás la caricia del Espíritu Santo, hablándote en tu desierto, y escucharás la voz del Padre susurrándote: *"No temas, yo estoy contigo"*.

Te sugiero que busques un lugar tranquilo y serenes tu alma para participar de estas líneas. Será buena idea que te proveas de Biblia, cuaderno y bolígrafo, para tomar notas y repasar la sabiduría que irás recibiendo.

Gracias, Madelin Rosado, por convertir lágrimas en tinta con la que has redactado frases que acarician el alma y restauran el corazón.

Dios te devuelva multiplicada la bendición que nos regalas a través de estas líneas.

José Luis Navajo
Pastor y autor

Introducción

¿Dónde estaba Dios? ¿Te has hecho esta pregunta alguna vez? En momentos de dificultad y ante noticias inesperadas y desgarradoras que llegan a nuestras vidas, preguntamos ¿por qué Dios lo permite?

Estoy convencida de que la pérdida de un ser querido es uno de los procesos más difíciles de enfrentar y aunque la muerte es un proceso natural de la vida, es evidente que no estamos preparados para despedir a quienes amamos. La partida de un ser querido, en especial si llega de forma imprevista y traumática, supone un seísmo que sacude y desestabiliza nuestra vida. En el proceso de adaptación a esa ausencia, sea esperada o sorpresiva, nos hacemos la pregunta: Y ahora, ¿cómo aprendo a vivir sin él?

Afligidos por la ausencia y entristecidos por el dolor que nos abate, nos sumimos en un proceso de duelo. Cada duelo es algo personal e individual, como lo es nuestra propia vida.

Tratar de entender o asimilar que nunca escucharemos la voz de nuestro ser querido, que nunca volveremos a verlo entrar por la puerta de nuestra casa, que nunca responderá una llamada, es la realidad que nos afecta emocionalmente y que provoca que nos sumerjamos en el dolor.

El duelo, según la Dra. Elizabeth Kübbler Ross, consiste en un proceso que consta de cinco etapas: negación, ira, negociación, depresión y aceptación. La Dra. Kübbler es considerada la fundadora de la Tanatología y fue pionera en el estudio de la muerte. La Tanatología es una disciplina científica que estudia la muerte y los fenómenos relacionados con ella, así como el proceso de morir y el duelo. La palabra proviene del griego *"thanatos"* (muerte) y *"logos"* (estudio).

Cada persona cruzará ese camino de una manera diferente, pero todos tendrán que atravesarlo. Y aunque todo el mundo experimentará pérdidas, nunca se podrán comparar por el vacío y la tristeza profunda que cada cual sentirá.

Permite que me presente: mi nombre es Madelin Rosado, crecí en un hogar cristiano, mis padres fueron pastores por 25 años. Mi familia estuvo compuesta de mi hermano menor, mis padres y yo. Hoy, al rememorar aquel tiempo, soy consciente de que experimentamos lo que es vivir en un hogar cristiano. Amar a Dios sobre todas las cosas y servirle, ese fue el mayor legado que mis padres nos dejaron. Su cuidado siempre estaba acompañado de este consejo: *"la oración siempre será nuestra mejor herramienta para enfrentar los desafíos de la vida"*.

Entre las luchas y pruebas que toda familia enfrenta, pudimos siempre permanecer en el Señor. Pasando el tiempo me casé con mi mejor amigo, y debo decir que todavía sigue siéndolo, ambos líderes de jóvenes de nuestro concilio.

En el año 2003 ocurrieron dos eventos importantes en mi vida: fui tía por primera vez y contraje matrimonio. El 21 de mayo de ese año, con la llegada de mi amado sobrino Yaniel Abdiel, pude experimentar ese amor único que te vincula de por vida a una personita que llegó a mi vida y que luego me diría *tití*.

Mi corazón le pertenecía y veía luces por él. Era un enorme privilegio ser su madrina, ya que era el primer y único hijo, sobrino y nieto para mi familia. Luego de su nacimiento, el 15 de noviembre contraje matrimonio con el amor de mi vida, Josué Troche, lo que dio inicio a una nueva y apasionante aventura para mí y mi familia.

En el 2007 y el 2010, respectivamente, llegaron nuestros hijos Deriel y Ariana. Con su llegada, nuestro círculo familiar alcanzó la cifra de nueve personas. Aunque no éramos una familia numerosa, disfrutábamos el estar juntos. Dios era y es el centro de nuestro hogar, y aun con dificultades, pruebas y aflicciones, el gozo del Señor siempre será nuestra fortaleza.

En el año 2011, el Señor nos llamó a mi esposo y a mí a pastorear y desde entonces hemos sido fieles a ese llamado. Han sido años de grandes experiencias en el Señor y buscando siempre hacer su perfecta voluntad. En las "altas" y "bajas", en tiempos buenos y no tan buenos, en la salud y en la enfermedad, nuestra fe ha sido inquebrantable.

El 2020 será mundialmente recordado como el de la pandemia del COVID-19. Nuestras vidas se vieron sorprendidas por un tiempo de confinamiento que imposibilitó durante meses hacer vida normal y atender las rutinas diarias. Fue un tiempo que aproveché para cultivar una más profunda comunión con mi amado Señor. Pasar más tiempo en oración y lectura en mi tiempo devocional, temprano en el día y tarde en la noche, fueron un bálsamo para mi vida y una fuente de energía para mi vida espiritual.

Es importante que como creyentes podamos mantener nuestros fundamentos espirituales firmes para que cuando lleguen los vientos contrarios, nuestra casa no se derrumbe. En aquel momento no podía imaginar que una temporada muy difícil se aproximaba, y que ese tiempo que estaba pasando en fortalecer mi vida espiritual resultaría determinante para enfrentar la tormenta que se avecinaba. Obtuve grandes experiencias en el Señor y mi amor por Dios y su presencia se acrecentaba cada día y podía estar segura de que Su gracia sobre mí era completamente inmerecida.

Hay un personaje de la Biblia que para mí tiene un relieve muy particular: me refiero a Job. Allí se narra una conversación que Dios y Satanás mantienen, y que supone el inicio de un cambio inmediato y radical en la vida de Job. Una cadena de situaciones adversas cae sobre su vida.

Los golpes de la vida llegan sin avisar; si pudiéramos anticiparlos sería un gran beneficio para nosotros, pero no es así. Job no pudo leer el libreto de su historia, por lo que ignoraba completamente que una cruenta batalla estaba teniendo lugar en el mundo espiritual.

Este libro de Job, y la historia de ese hombre íntegro, llegaron a tener un enorme sentido para mí a raíz de una circunstancia que llegó a mi familia con la fuerza de un terremoto.

Ahora, permíteme relatártelo desde una perspectiva diferente, y de paso, te doy las gracias por tomar de tu preciado tiempo para leerlo.

Primera Etapa: La Negación

"No puede ser, no lo puedo creer"

"¡Cuando llega el dolor, también llega Jesús!"

(El Maestro está aquí, Juan 11:28, RV60)

1

La Mala Noticia

Era la noche del miércoles, 27 de abril del 2022, y el reloj marcaba las 9:30 de la noche. En ese momento recibí la noticia más difícil de toda mi vida. Con el nefasto comunicado llegó el dolor y la pérdida. Llegó la tragedia de la mano de la muerte a mi familia.

A pesar de que ha transcurrido algo más de un año, pensar en ese instante sigue estremeciéndome, al recordar cómo el mar de emociones y sentimientos me invadieron al punto de hacerme perder el control. Las piernas me fallaron, incapaces de sostenerme. Mi comportamiento, de común comedido, moderado y discreto, se alteró dramáticamente: Grité, grité y grité. ¿Qué había ocurrido?

Mi vida cambió, mi familia se estremeció, mi fe fue sacudida. ¿La razón? Mi querido Yaniel, mi único sobrino, el único hijo, el primer nieto, ya no estaría jamás con nosotros. Su luz se apagó, ya no brillaría más.

Ya no oiría jamás su voz, ya no oiría el *"¡Hola, Tití"! Ya jamás lo volvería a ver.* A lo largo de la vida de mi sobrino, él fue muy querido, era un poco parlanchín o más bien bastante hablador, donde él estuviera su forma de ser, se apoderaba del lugar y de la ocasión. Se convertía en el alma de la reunión.

Era muy creativo, muy sociable, amigable y puedes estar seguro de que, con solo verte una vez, si volvía a encontrarte, se acordaría de ti. Sus llamadas eran extensas, su primer saludo para mí siempre era: *"¡Hola tití, ¿cómo estás?"*

Pero el ser humano no está preparado para enfrentar los sufrimientos ni las pérdidas. Lo cierto es que Jesús advirtió que tendríamos problemas y aflicciones y nos animó a seguir confiando en Él.

El libro de Job relata que Job vivía con ese temor constante de que algo trágico pudiera ocurrirle. Él lo expresó en el capítulo 3:25 cuando dijo: *"Lo que más temía me sobrevino; lo que más me asustaba me sucedió".* La realidad es que vivimos amedrentados, pensando qué sería de nosotros si llegara el dolor de una manera inesperada y trágica.

Hoy, a ti que sostienes este libro en tus manos, te invito a recorrer este devocional de cuarenta días conmigo. ¿Por qué cuarenta días? El número cuarenta abunda en la Biblia y está asociado al tiempo de la prueba, al número de la fe y a otros sucesos bíblicos. Cuarenta días y cuarenta noches llovió en el relato del diluvio, y el pueblo hebreo estuvo cuarenta años en el desierto.

Moisés subió a la montaña y permaneció cuarenta días en la presencia del Señor. Elías caminó ese número de días hasta El Monte Horeb, y alcanzada la meta se introdujo en una cueva, y allí Dios se manifestó a él en un silbido apacible. Fueron también cuarenta los días que el mismo Jesús estuvo en el desierto, haciendo ayuno y confrontando al mismo diablo, justo antes de que el Nazareno iniciase su ministerio.

Con este devocional no pretendo emitir una opinión clínica, ni profesional, sino una vivencia personal de cómo atravesé el Valle de Lágrimas cuando el duelo y el luto llegaron a mi vida. Pretendo contarte cómo superé cada etapa del proceso de duelo, y cómo, a pesar del dolor, pude levantarme y continuar. Quiero que sepas que, al igual que yo, también tú puedes experimentar el consuelo y el abrazo de nuestro Señor y Él puede vendar y sanar totalmente tus heridas.

Permite que en este primer tramo del camino defina dos términos que nos acompañarán durante esta travesía:

• **Luto:** es cómo expresamos nuestra aflicción ante los demás.

• **Duelo:** periodo de profunda tristeza posterior a la pérdida de algo o alguien y que define el proceso de adaptación a la vida después de la pérdida.

El sabio Salomón entendía muy bien que había tiempo para todo, así lo expresó cuando escribió: *"Todo tiene su momento oportuno... tiempo para nacer y tiempo para morir; tiempo para llorar y tiempo para reír; tiempo para estar de luto y tiempo para bailar".* (Eclesiastés 3:2,4, RV60)

Todos sabemos que habrá tiempos inoportunos y, aunque no los entendamos, quien siempre conoce todos los tiempos, es Dios. Aunque pensemos que algo puede haber sido inapropiado, Él ha establecido un tiempo perfecto que resultará en un período hermoso, cuando descubras que es en el dolor, donde Él más se manifiesta a nuestras vidas.

La Biblia nos brinda palabras de consuelo y es el interés de Dios estar presente en todos nuestros procesos difíciles, porque Él es Dios consolador. No quiere dejarnos en tristeza, quiere darnos una corona de belleza, una gozosa bendición y cambiar nuestra vestimenta por un traje de alabanza.

"Él vino a consolar a todos los enlutados, a ordenar que a los afligidos de Sion se les dé gloria en lugar de ceniza, óleo de gozo en lugar de luto, manto de alegría en lugar del espíritu angustiado".
(Isaías 61:3, RV60)

2

¿Dónde Estaba Dios?

La memoria pertinaz del instante en que sufrimos una pérdida significativa, es un claro síntoma de la magnitud con que nuestras emociones se vieron afectadas. La fatal noticia siempre será un durísimo golpe que nos deje sin aliento, sin fuerzas y sin consuelo.

Cuando un soldado fallece en acto de servicio, compañeros acuden al domicilio de su ser querido más cercano con el objetivo de comunicar la noticia. Cuando el vehículo oficial se estaciona frente al hogar, todos saben que trae malas noticias. Quien haya pasado este trago amargo, recordará ese momento por el resto de su vida.

En el caso de Job podemos apreciar que cuando Satanás empieza a afligirlo, no lo hace sutilmente, sino que aplica el máximo rigor: Asesta cuatro golpes fulminantes, uno tras de otro así lo detalla Job 1:13-19 (RV60).

Dice que Job:

• Perdió sus bueyes y asnas, junto a los pastores.

• Perdió las ovejas, junto a los siervos que las cuidaban.

• Perdió los camellos, junto a los criados.

• Perdió a sus diez hijos e hijas.

La intensidad de la aflicción se observa en la frase que se repite en *"aún estaba hablando, cuando vino otro"*. Es evidente que los problemas y calamidades se amontonaban sobre Job. Tal encadenamiento de noticias trágicas podría ser suficiente para matarlo bajo esa montaña de emociones. Y así podemos sentirnos cualquiera de nosotros: Desfallecidos cuando llega el duro golpe.

En mi mente permanece intacto el aterrador momento de aquella nefasta noticia que llegó a mi vida: Estaba sentada en una silla del comedor, preparando el sermón que predicaría a la iglesia el próximo domingo. A veces los golpes llegan cuando más conectados estamos con el Señor.

Job era un hombre íntegro, Dios mismo le dijo a Satanás: *"¿Has considerado a mi siervo Job?"*, pero en el aspecto espiritual Job nunca escuchó esa conversación que se dio entre Dios y el diablo, en la que Job era protagonista. Es importante recordar que a menudo ignoramos las intensas y reales batallas que se libran en el mundo espiritual, afectando nuestras vidas de maneras profundas e invisibles.

Fue mi esposo, regresando de una actividad de jóvenes universitarios en la iglesia, quien tuvo que actuar de portavoz del trágico suceso que le acaeció a mi único sobrino. Tras explicarme lo acontecido, roto por el dolor, afirmó: *"Pero estoy seguro de que Dios nos va a ayudar"*.

Ese momento marcó un antes y un después en mi vida. Un evento donde el enemigo asestó un golpe fulminante a mi familia, con la llegada de la muerte y el dolor. Nuestra mente no asimilaba que ya nunca nada sería igual y allí me hice la pregunta: *"¿Dónde estaba Dios?"* Formulé la pregunta varias veces gritando, desgarrada y tirada en el suelo. Le reclamaba al Señor, dónde estaba y por qué lo había permitido.

Es probable que también hayas formulado la misma pregunta en algún momento. ¡Tranquilos!, pues en nuestra humanidad es válido y lícito hacer ese tipo de cuestionamientos. Job, tras su trágico desenlace, solicitó audiencia con Dios en diversas ocasiones. Su intención era conocer el porqué de todo lo ocurrido. Necesitaba escuchar una explicación divina. Deseaba encontrarse a Dios donde fuera para saber si era consecuencia de pecado y, de ser así, saber en qué había fallado.

En mi proceso comprendí que, cuando llega el dolor, también llega Jesús. No hay tragedia, ni existe proceso difícil en la que Dios nos deje solos. En cada una de ellas, Él se manifiesta de manera distinta con el fin de fortalecer y consolar. Puede ser que aún te preguntas: ¿Por qué tenía que suceder? Desconozco los detalles, pero puedo decirte que su intención es estar contigo aun cuando no comprendamos lo que sucedió.

Adorar al Señor cuando llega la mala noticia no resulta sencillo; al contrario, es muy difícil, pero Job así lo hizo. El gesto de Job descrito en este texto indica, que había llegado el dolor y expresa su luto, rasgando así su manto y rasurando su cabeza. Acababa de conocer que estaba en bancarrota total, y lo que terminó de destruirlo fue saber que sus diez hijos habían muerto... Justo en ese instante, la Biblia precisa:

"Entonces Job se levantó, y rasgó su manto, y rasuró su cabeza, y se postró en tierra y adoró," (Job 1:20, RV60)

Son muy pocos los que en una situación como esta deciden adorar. La mayoría opta por culpar a Dios por sus pérdidas, acusándolo de ser el responsable de su dolorosa situación.

Permíteme llevarte de regreso a esa noche tan oscura de mi vida. Acudí a la casa de mis padres para notificarles lo ocurrido; fue extremadamente difícil, pero recuerdo sentarme momentos después, en una silla a la mesa del comedor y comenzar a cantar el himno: *"Estoy confiando, Señor, en ti"*.

Pero instantes antes de cantar, volví a verbalizar la pregunta: ¿Dónde estaba Dios? Pero en esta ocasión no hubo silencio tras mi interrogante. Un amigo de mis padres que había llegado, el hermano Edwin Parrilla, y me respondió: ¡Dios estaba allí!

Tal vez te resulte difícil creer que Dios está presente en los momentos de tragedia, pero ignoramos las batallas que se libran en el mundo espiritual en las que Dios busca salvar y rescatar a un alma.

En su soberanía y majestad, Él solo quiere hacernos entender que hay cosas que no comprendemos ahora, pero las entenderemos después (Juan 13:7, RV60). Hay noches en las que todo son preguntas, pero amanece el día en que llegan las respuestas.

"Cercano está el Señor a los quebrantados de corazón, y salva a los abatidos de espíritu". (Salmo 34:18, RV60)

3

Tengo Miedo

El miedo es una emoción natural de angustia provocada por la presencia de un peligro real o imaginario. De hecho, la Real Academia de la Lengua Española define miedo como *"una perturbación angustiosa del ánimo por un riesgo o daño real o imaginario"*. En definitiva, se trata de una respuesta del ser humano ante una situación sumamente desagradable y estresante.

Mi memoria me trae el vívido recuerdo de esa madrugada en que llegó la trágica noticia. Tras el impacto inicial, mi siguiente memoria es la de estar en el cuarto de la casa de mis padres, rota en llanto, levantando mis palabras al Señor: *"Dios, tengo miedo, no sé cómo recorrer el camino que nos espera, pero, aunque estoy confundida porque no entiendo lo que pasó"*. Al final, le dije como el salmista escribió:

"En el día que temo, yo en ti confío". (Salmo 56:3, RV60).

El miedo puede ser una emoción paralizante que inocule en nosotros la sensación de completa impotencia, pero ante escenarios o circunstancias que no podemos controlar nuestra mejor defensa es seguir confiando en Dios.

La Biblia muestra a Jesús en el huerto de Getsemaní, enfrentando una situación de completa bancarrota emocional. El relato sagrado no oculta que el Señor sentía profunda tristeza y verdadero temor en los momentos previos a su arresto. Su muerte estaba próxima y Él sabía muy bien que tal proceso sería muy doloroso, hasta su último suspiro. Jesús experimentó lo que es tener angustia en momentos donde no podemos revertir un desenlace. Esa razón le permite comprendernos cuando el miedo y el temor nos dominan.

Por cuanto Jesús vivió la angustia y el temor, no solo puede comprendernos, sino también puede mostrarnos la actitud que debemos adoptar ante tales procesos: Lo primero que él hizo en ese momento tan difícil fue clamar al Padre; el único que puede ayudarnos a sobrellevar esas cruentas situaciones que llegan inesperadamente y que por nuestras propias fuerzas jamás podríamos enfrentar.

De modo que, ante las adversidades que nos superan, emulemos la actitud de Jesús, el cual escogió seguir confiando en el plan perfecto de Su Padre. Aunque no tengamos el control, solo podemos encontrar bienestar, paz y descanso en la Palabra del Señor. Recordar sus promesas en momentos de incertidumbres será el bálsamo que refresca y limpia el paladar del alma, tras el trago amargo que acabamos de ingerir.

Regresando a mi experiencia personal, yo estaba segura de que venían días inciertos y difíciles, pero ante la incertidumbre de ese trayecto tan duro, supe que no lo transitaríamos a solas, Dios estaba con nosotros. Probablemente asustados, nerviosos y ansiosos, pero seguir confiando en el Señor aun cuando el mundo se nos vino encima y nos dejó en pedazos... Ese fue el prodigioso salvavidas que nos sostuvo en medio del mar que nos tragaba.

"Aun cuando yo pase por el valle más oscuro, no temeré, porque tú estás a mi lado. Tu vara y tu cayado me protegen y me confortan".
(Salmos 23:4, NTV)

4

La Brisa Consoladora Del Espíritu Santo

Cuando Jesús enfrentó su etapa final de ministerio en la tierra, a punto de cumplir sus últimos días aquí, decidió preparar adecuadamente a sus discípulos para lo que iba a venir. Él sabía que su partida se aproximaba, y hasta que ese momento llegase, dedicaría cada minuto a los suyos; se apartó para estar a solas con ellos.

Convocó a los doce en un lugar que previamente les había encomendado buscar. Un espacio que hoy conocemos como "el aposento alto" y que fue escenario de esa última cena antes del sacrificio. Aquel recinto se convirtió en un lugar de encuentro, de trascendentales noticias, y el punto de desenlace de algo que trascendería a la historia de la humanidad.

Allí Jesús les hizo tres anuncios: La traición de Judas, la negación por parte de Pedro y su partida del mundo. Ante tal aluvión de informaciones, los discípulos estaban tan perplejos que tal cúmulo de novedades los turbó y los atemorizó; los quebrantó y los angustió. Sin embargo, Jesús quería prepararlos para hacerles entender que, aunque Él se marchase, seguía habiendo esperanza. A tal fin les dio una gloriosa promesa: La llegada del Consolador, el Espíritu Santo de la promesa.

Permite que te traslade de nuevo a mi particular travesía del valle de sombra: El día siguiente a esa trágica noticia, mi hermano y mi cuñada, después de realizar los trámites correspondientes en San Juan, llegaron a encontrarse con nosotros en el hogar de nuestros padres. Permanece intacto en mi memoria el recuerdo de toda la familia en el balcón de la casa, los ocho nos abrazamos y comenzamos a gritar y a llorar. Nuestros gritos se escucharon a lo lejos, el primer día de nuestra realidad había comenzado, y encontrarme con la mirada de mi hermano, el papá de mi sobrino fallecido, mientras subía las escaleras fue algo muy desgarrador para mí.

Pero, ¿sabes algo?, Jesús les dio palabras especiales a sus discípulos cuando estaban turbados y confundidos; ellos estaban experimentando un caos mental y espiritual al no comprender por qué su Señor los dejaba, y Él les dijo: *No se angustien. Confíen en Dios, y confíen también en mí* (Juan 14:1, NVI). Jesús mismo también se conmovió ante aquel mar de noticias (Juan 13:21, NVI), hubo agitación en las más altas esferas espirituales.

Esta emotiva reacción en el Señor, pone de relieve la naturaleza humana de Jesús y su capacidad de comprender a quienes se sienten angustiados, temerosos o afligidos. Cuando nos turbamos en momentos de dolor y de malas noticias, Él nos comprende perfectamente.

Las palabras *"turbación"* y *"conmovió"* señalan a algo que causa gran angustia, y Jesús manifestó las mismas emociones porque atravesó idénticas situaciones adversas a las que usted y yo experimentamos en nuestro peregrinaje aquí en la Tierra. Él conoce cuál es el motivo para que nuestras vidas experimenten quebranto y aflicción. Por eso se esforzó por consolar el corazón atribulado de sus discípulos. Y les enfatizó que era necesario que siguiéramos confiando en Él.

En aquel balcón de la casa de mis padres, mientras estuvimos gritando por varios minutos, recuerdo escuchar la voz de mi esposo Josué, que tenía una mano puesta en mi hombro y otra en el hombro de mi hermano, comenzó a orar y decir estas palabras: *"Espíritu Santo, sopla consuelo"*. Una y otra vez repetía esas palabras.

No lo comprendí de inmediato, pero algo ocurrió que aplacó aquella turbación, todos comenzamos a calmarnos. Mi esposo luego me dijo que mientras oraba comenzó a soplar una brisa suave, las hojas de los árboles empezaron a moverse y se escuchó un sonido delicado, como de un viento que soplaba. Fue el momento exacto en que yo misma percibí esa brisa y con ella nuestras lágrimas cesaron y una firme fortaleza apareció en aquel escenario tan desalentador. Su consuelo se hizo presente, animándonos a seguir confiando en Él.

Ante la turbación, Jesús prometió a sus discípulos, que, aunque Él se iba enviaría a *"otro Consolador"*, que estaría con ellos, y también con nosotros, para siempre: Hablaba del Espíritu Santo, quien nos consuela y nos anima en momentos de necesidad, el que nos ayuda y nos da fuerza en los tiempos de aflicción, quien nos reconforta y nos recuerda que Jesús está con nosotros y que nos ama.

"Y yo rogaré al Padre, y os dará otro Consolador, para que esté con vosotros para siempre: el Espíritu de verdad, al cual el mundo no puede recibir, porque no le ve, ni le conoce; pero vosotros le conocéis, porque mora con vosotros, y estará en vosotros".
(Juan 14:16-17, RV60)

5

Dios Mostró Su Gracia

as horas de ese primer día fueron sombrías, vertiginosas y abrumadoras. Mientras iban desgranándose los crueles detalles que envolvían a la feroz pérdida, un interminable caudal de llamadas, textos y visitas nos abrumaban; íbamos recibiendo a amigos, conocidos, familiares y toda persona que de una forma u otra se solidarizaba con nosotros.

Una intensa mezcla de sensaciones nos embargaba: Por un lado, gratitud por el deseo que mostraban de acompañarnos, y, por otro lado, sentíamos el peso del agotamiento emocional, porque nuestro ánimo estaba quebrantado y nuestras fuerzas debilitadas. Sin embargo, era necesario recibir palabras de pésame, oraciones, apoyo o simplemente compañía. Mientras luchaba por asimilar el trágico desenlace, mis pensamientos se centraban en *"No puede ser, no lo puedo creer"*.

La negación es una reacción natural que puede producirse inmediatamente después de conocer la pérdida. Se trata de un mecanismo de defensa: "Si lo niego, tal vez no exista". Suele venir acompañada de una sensación de incredulidad, de temor, y de un fuerte choque emocional. En esta primera etapa del duelo se hacen presentes punzadas de angustia, que sentimos en el alma y que nos acompañarán por un tiempo.

Cuando los amigos de Job se enteraron de las pérdidas que este había sufrido, acudieron a él. Cada uno vino desde su lugar para condolerse y consolar a Job. Pero durante siete días y siete noches, reconocieron que el mejor consuelo que podrían proporcionarle consistía en estar a su lado en las horas más difíciles. Por eso, no dijeron nada, no encontraron las palabras adecuadas para consolarle, porque vieron que su dolor era muy grande (Job 2:11-13, RV60). Qué bueno contar con el apoyo incondicional de aquellos que no solo oran por ti, sino que sobre todo están contigo.

Como creyentes, estar en el Señor es gozar de la esperanza de que cuando terminen los días de nuestra vida gozaremos de un lugar mejor. Anhelamos y pedimos en oración por nuestros familiares, para que tengan la oportunidad de un encuentro con Jesús, de tal manera que puedan obtener la salvación y la vida eterna.

La Biblia relata una interesante conversación entre el padre de la fe, Abraham, y Dios. Un día, el Señor visitó a Abraham y le comunicó los planes que tenía de destruir a las ciudades de Sodoma y a Gomorra, por su maldad. En ese momento, Abraham solo pensó en la vida de su sobrino, por eso empezó un careo con Dios, con la intención de asegurarse que la vida de Lot fuera preservada.

Parte de su diálogo se inició así:

- *"¿Y si hallares cincuenta justos, destruirás a toda la ciudad?"*

- *"No la destruiré"* - respondió Dios - *"por amor a esos cincuenta"*.

Abraham fue disminuyendo las cantidades cuarenta y cinco, cuarenta, treinta, veinte... Hasta llegar a diez, y Dios contestaba lo mismo cada vez: *"No la destruiré por amor a los diez"*. (Génesis 18:23-33, RV60).

Creo que Abraham era consciente de que en las oscuras localidades de Sodoma y Gomorra no había ni diez personas justas, pero me atrevo a inferir que intercedía con el único objetivo de posponer el juicio de Dios, en un vano intento de preservar la vida de quien amaba. ¿Qué agonía debe haber sentido Abraham en pensar que la vida de su sobrino, Lot, dependía completamente de la misericordia y la gracia de Dios? Por eso su máximo interés eran el de los suyos en una tierra donde la maldad y el pecado abundaban.

Creo que la vida de Lot fue preservada, pues en medio del caos y la devastación, la Biblia apunta que: *"Así, cuando destruyó Dios las ciudades de la llanura, Dios se acordó de Abraham, y envió fuera a Lot de en medio de la destrucción, al asolar las ciudades donde Lot estaba".* (Génesis 19:29, RV60)

¿Alguna vez te has preguntado cuánta gracia puede tener Dios? Más allá de lograr entender humanamente la profundidad, la gracia de Dios no la puedo comparar, ni valorar, ni tampoco predecir. Además, es inefable, es decir, no se puede explicar.

La gracia de Dios se muestra a la humanidad en su compasión y en la disposición de perdonar nuestros pecados. Dios, a través de ella, muestra su favor, provisión y sanidad inmerecida hacia el ser humano, porque en su soberanía, así le place.

¿Sabes?, Dios puede mostrar Su gracia aún en el último segundo de la vida de una persona. He acompañado a personas que despedían a un ser querido, quien toda su vida vivió apartado de Dios y ajeno a los valores cristianos, pero en el último suspiro este se aferró a la mano que la Gracia de Dios le tendía... Estoy segura de que tal persona escuchó la sanadora promesa: *"De cierto te digo que hoy estarás conmigo en el paraíso".* (Lucas 23:43)

Puede que nos sintamos abatidos por conocer ese desenlace final de un ser amado, pero tengo la certeza de que, en el último aliento, Dios puede mostrar Su gracia redentora. Recuerdo que esas fueron de las primeras palabras que llegaron a mí por medio de un ministro: *"Quiero decirte por el Espíritu que, en el último suspiro, Dios trabajo con él en gracia".*

Posteriormente, Dios nos confirmó en más de una ocasión esa palabra de diferentes formas. Querría disponer del tiempo y espacio necesarios para contarte cada una de ellas, pero no lo tengo. Pero era conmovedor ver cómo Dios nos dejaba saber que había mostrado Su gracia. En un capítulo posterior te narraré una de esas ocasiones, la que más nos impactó y Dios la utilizó para barrer toda duda respecto a la obra de salvación que Él obró en mi sobrino.

Pudiera ser que vivas en la incertidumbre de si hubo una segunda oportunidad para tu familiar, en caso de que no conociera a Dios o, como sucedió en nuestro caso, se hubiera alejado de Él.

No podemos, ni tampoco nos corresponde, asegurar cuál sea el desenlace final de cada persona, pero Martín Lutero, conocido como el gran reformador del Siglo XVI, expresó en una de sus reflexiones una gran verdad.

Lutero afirmó que en el cielo habría tres grandes sorpresas: La primera sería que él mismo estuviera allí, la segunda que se encontrará con algunas personas de las que nunca pensó que pudieran estar allí y la última no encontrar a personas que imaginó que debían estar allí.

¿Recuerdas la pregunta que hace rato formulé? ¿Dónde estaba Dios? La respuesta es: *"Dios estaba allí"*.

"Tu promesa renueva mis fuerzas, me consuela en todas mis dificultades." (Salmo 119:50, NTV)

6

Mi Cumpleaños

Durante esta primera etapa: La negación, no todos reaccionarán de igual manera ante el dolor y el sufrimiento. Algunos se verán sumidos en un estado de asombro, quedando como anestesiados y en una parálisis que les roba la capacidad de tomar decisiones y mostrar emociones. Otros, por el contrario, reaccionarán de forma explosiva e incontrolable.

Los días posterior a una pérdida son físicamente agotadores y emocionalmente extenuantes. Desarrollar la logística para que un familiar aborde *"el viaje"* a su morada final no es fácil y más cuando lo complica toda la burocracia. Después de armarte de valor para hacer los trámites correspondientes, llega la larga e insufrible esperar. En nuestro caso, el Instituto de Ciencias Forenses no entregaba el cuerpo a la funeraria y luego de cinco largos días tras el trágico suceso, finalmente pusimos fecha para el velatorio de mi amado Yaniel: El día 2 de mayo de 2022.

Tal vez te preguntes, ¿por qué este capítulo se titula mi cumpleaños? Una de las cosas que más valoro, es el día de mi natalicio. Cada año celebro mi vida y me encanta hacerlo junto a mi familia. Ese día mi esposo me consiente, pues la jornada es para mí. Incluso en el trabajo no me esperan (tengo ese privilegio) y mi primera llamada siempre es la de mis padres que me cantan al unísono: *"Cumpleaños feliz"*.

Disfruto de leer los mensajes en las redes sociales, los mensajes de texto que me envían y cada llamada que recibo. El discurrir de los años me ha otorgado un sinnúmero de felices recuerdos de ese día, incluyendo la ocasión que recibí tres bizcochos de cumpleaños y en otro varios videos con felicitaciones de los hermanos de la iglesia que pastoreamos mi esposo y yo. Ese día me despierto especialmente feliz y doy gracias a Dios por permitirme un año más de vida.

Pero en el año 2022 me fue imposible despertarme feliz y celebrar. No pude reír, ni apagar las velas de un bizcocho, ni escuchar la canción de cumpleaños, ni abrir obsequios. El velatorio de nuestro amado Yaniel coincidió precisamente con el día de mi conmemoración de nacimiento. ¿Puedes captar la cruel paradoja? Celebración de vida y de muerte el mismo día.

Todo lo que pude hacer ese 2 de mayo del 2022 fue llorar. Reflexionando, caigo en la cuenta de que lo irónico es que ese cumpleaños del 2022 fue como el día en que vine al mundo, pues todos al nacer lloramos. En esta luctuosa jornada tampoco mis papás me cantaron, no hubo *"felicidades"*, ni mucho menos regalos o risas.

En esta ocasión, nos tocó únicamente abrazarnos y mirar juntos una caja que no estaba envuelta en papel de regalo, ni tenía cintas decorativas, pero que contenía el cuerpo sin vida de aquel joven que con cariño me llamaba *"titi"*.

Hay golpes en la vida tan severos y rudos que logran tirarnos al suelo, pero siempre he comprobado que el amor de Dios siempre es suficiente para levantarnos. Job experimentó su peor día justo cuando sus hijos celebraban. El relato bíblico me detalla que acostumbraban a realizar banquetes en casa de cada uno de ellos para celebrar. Y la costumbre de la época es que se reunían para celebrar eventos especiales donde comían, bebían y conversaban.

Es muy probable que cuando sobrevino la tragedia en la que todos los hijos de Job fallecieron sepultados por el edificio que se desplomó, ellos estuvieran celebrando el cumpleaños de alguno, por eso a Satanás le estuvo a bien darle su golpe más cruel, un día de celebración.

Todos anhelamos controlar el tiempo y que no nos sucediera ningún trago amargo que marque nuestras vidas para siempre. Pero en medio de una tormenta como para mí fue ese día, me sentí arropada e inundada por la paz que solo Dios puede dar; de eso se trata el consuelo de nuestro Señor.

Recuerdo despertar ese día de mi cumpleaños y llorar, y durante la jornada no recibir las felicitaciones que acostumbraba. Muy pocas personas se atrevieron a hacerlo y le agradeceré por siempre ese gesto, pero, aunque no desbordé alegría, sí recibí cientos de abrazos y palabras de consuelo y pésame de las personas que llegaron a acompañarnos.

El recuerdo de ese día me acompañará por el resto de mi vida cada 2 de mayo. Para siempre el cielo de mi cumpleaños contará con ese oscuro nubarrón; quizás ese fuera el objetivo del enemigo, igual que lo hizo con Job. Su propósito es siempre desestabilizar nuestras emociones y trastocar nuestros recuerdos, pero igual como yo lo experimente, Dios puede traer paz aun cuando estemos en el caos de la tormenta.

Sé que no es fácil sobrellevar los días especiales y sobre todo la época de Navidad en donde compartimos en familia, pero aun en lo duro que puede ser la ausencia de nuestro ser querido, su recuerdo de los días vividos junto a esa persona es lo que debemos atesorar y celebrar.

No llores porque acabó; sonríe porque existió. Vendrán días duros, eso es inevitable, pero te aseguro que Dios quiere mostrarse hacia nosotros como consolador y Jehová Shalom: El Señor es mi paz. Él es fuente de consuelo en el día más duro y fuente de paz para poder enfrentarlo.

"Y la paz de Dios, que sobrepasa todo entendimiento, guardará vuestros corazones y vuestros pensamientos en Cristo Jesús."
(Filipenses 4:7, RV 60)

7

Vamos Al Sepulcro

En el extremo sur del Monte de los Olivos había una aldea llamada Betania. Allí vivían tres hermanos: Marta, María y Lázaro. Cuenta la Biblia que Jesús los visitaba con mucha frecuencia, al punto de que el Señor se refiere a Lázaro como *"mi amigo"*. Durante sus visitas, el Maestro les hablaba, les enseñaba y hasta pernoctaba con ellos.

Estos tres hermanos y Jesús habían creado un círculo íntimo de hermandad y amistad. Pero un día Lázaro enfermó y sus hermanas le mandaron un mensaje a Jesús: *Señor, he aquí el que amas está enfermo* (Juan 11:3, RV60). La expresión *"estaba enfermo"* significaba que estaba débil o falto de energía y Jesús, aparentemente, no mostró preocupación ante aquella noticia y se demoró dos jornadas adicionales en el lugar donde se encontraba, a dos días de camino.

El desenlace de la enfermedad de Lázaro fue la muerte, y Marta y María interpretaron la tardanza de Jesús como el motivo de que no hubiera llegado a tiempo para preservarle su vida. Así que cuando Él llegó era demasiado tarde, y se encontró con una gran conmoción de dolor, aflicción y negación entre familiares y conocidos de Lázaro. Aun cuatro días después de su muerte estaban todos en la etapa de negación, en el *"shock"* de la noticia.

Pero Jesús, luego de hablar con las hermanas y al ver llorar a María y a los judíos que le acompañaban, se turbó y se conmovió profundamente. Entonces les hizo la pregunta: *¿Dónde lo han puesto?*, y ellos respondieron: *"Ven a verlo, Señor"*. El texto bíblico describe la reacción del Maestro al encarar la escena frente a la ausencia de Lázaro: Ante aquel escenario, *Jesús lloró.* (Juan 11:35, RV60) Nuevamente, vemos a Jesús conmovido y afectado, pero en esta ocasión ante una pérdida. Casi puedo ver al Señor dirigiéndose a las enlutadas hermanas y diciéndoles: *"Vayamos al Sepulcro"*.

Unos capítulos atrás te relaté sobre la primera noche en que recibí la trágica noticia; me encontraba en un cuarto de la casa de mis padres, y allí le dije al Señor: *"tengo miedo".* Lo que no escribí en ese capítulo es que, mientras le hablaba al Señor, sobre el gran temor que sentía, a mi corazón llegó esta palabra: *Vamos al sepulcro.*

En ese instante empecé a llorar fuertemente, porque recordé que siete meses atrás había preparado un sermón al que di exactamente ese título. Era un mensaje que versaba sobre la muerte de Lázaro. Esa noche terrible comprendía que siete meses atrás había predicado una Palabra que era directamente para mí y que me ayudaría a entender que Jesús no llega tarde.

Cuando Jesús a nuestros momentos de prueba, nos invita a que le mostremos a dónde pusimos nuestro dolor... Donde depositamos nuestra angustia. Él nos habla con amor y nos interroga: ¿En qué lugar has colocado lo que provoca el quebranto en tu vida?

Hoy tú y yo hemos llegado al día siete de este camino literario. Exactamente, siete días duró el proceso hasta llegar a la jornada en la que depositamos en el sepulcro a mi amado sobrino. En el centro de ese día, con un candente sol, ese 3 de mayo del 2022 caminé hecha pedazos, junto a cientos de personas que nos acompañaban detrás de su féretro. Pero en mi interior escuchaba constante una voz sosegante, que me repetía con indecible amor: *Ven, te acompaño al sepulcro.* Yo sé que Jesús lloró conmigo, porque Él no permanece indiferente ante nuestro dolor y se conmueve y nos acompaña por el duro camino del luto.

¿Sabes? El día en el que enterramos a mi sobrino, mi hermano y su esposa, los padres del joven fallecido, cumplían su aniversario de bodas. Por demás está decir que no hubo celebración. ¡Qué dramática ironía se muestra en el desenlace de nuestra historia! Nuestras vidas marcadas con un antes y un después donde el dolor es el protagonista.

Pero aquel séptimo día concluí finalmente que Jesús llegó, y no lo hizo tarde. Llegó a consolarnos y llega siempre a sanarnos. Llegó a transformar las vidas que recibieron, a través de nosotros, un mensaje de esperanza. Llegó a abrazarnos. Él siempre llega en el momento preciso y a la hora exacta.

Hoy, mediante estas sencillas líneas, quiero invitarte a que recibas a Jesús en tu corazón. La aflicción es temporal, no dura toda la vida; primero agonizamos y después nos levantamos.

Hoy Jesús te pregunta: *¿Dónde lo pusisteis?*, y a continuación te acompaña en el valle de sombra tan difícil, y te dice: *Ven, vayamos al sepulcro.* Hoy Jesús te invita a que le muestres dónde pusiste la esperanza, en qué sepulcro. Él espera que le señales en qué tumba sepultaste el anhelo y el deseo por seguir. Él quiere que lo lleves a donde pusiste tu dolor, tu herida, aun tu pasión por las cosas de Dios, tu fe.

Ve, ve al lugar del sepulcro con Él, que quiere resucitar la esperanza, la fe, tu pasión por seguir luchando, tu amor por los demás. Déjate acompañar por Él, pues quiere sanarte. Él ha llegado y procura por ti como lo hizo con María. Él está aquí y quiere verte, levántate de prisa y llega a Él.

"María, cuando llegó a donde estaba Jesús, al verle, se postró a sus pies, diciéndole: Señor, si hubieses estado aquí, no habría muerto mi hermano. Jesús entonces, al verla llorando, y a los judíos que la acompañaban, también llorando, se estremeció en espíritu y se conmovió, y dijo: ¿Dónde le pusisteis? Le dijeron: Señor, ven y ve. Jesús lloró". (Juan 11:32-35, RV60)

8

Grande Dolor, Fuerte Abrazo

Escuché en una ocasión acerca de un padre que había perdido a su pequeño hijo. Tras el luctuoso desenlace, él dijo las siguientes palabras: *"Y yo sé, que mientras más grande es la pena y el dolor, más grande es el consuelo y abrazo del Señor".*

Cuando por primera vez escuché esa inspiradora reflexión, mi atención fue cautivada de tal modo que copié ese mensaje. Lo que nunca pude imaginar es que siete meses después leería las palabras, como una voz del cielo directa para mí.

Me has acompañado durante ocho días, y a lo largo de esta jornada has podido conocer mi testimonio. Te doy las gracias por permanecer conmigo y pido a Dios que estas líneas puedan reconfortar tu corazón independientemente de lo que estés atravesando.

Hasta este momento te he presentado la primera de las cinco etapas del duelo: la negación. Esta etapa inicia el proceso de duelo y nuestro comportamiento ante una cruenta noticia que no esperábamos. Ante ella podemos quedarnos paralizados y optar por la negación de los hechos, es decir: *"No creo que tal cosa haya sucedido".*

Esto no quiere decir que no sepamos que nuestro ser querido ya no estará con nosotros. Es que simplemente no lo aceptamos, sumergiéndonos en un mundo paralelo e irreal, donde tal cosa no ha ocurrido. Deseamos que lo que estamos viviendo sea un sueño, o mejor expresado, una pesadilla y que al despertar nada haya cambiado.

Nuestra mente no lo asimila y nos cuesta entenderlo. Algunos piensan con frecuencia que no es real y que van a recibir esa llamada o la visita de quien se fue, en cualquier momento. Realmente, es un impacto fuerte y hasta pareciera que la vida ya no tiene sentido. No es raro que nuestras emociones pudieran mostrarse como insensibles.

No es fácil entender la realidad de que nos toca aprender a sobrevivir a la pérdida. Aunque nos llega la interrogante de si vamos a poder continuar y cómo lo vamos a lograr, es necesario poder encarar nuestra circunstancia, asimilar la realidad de nuestra pérdida y comenzar un proceso de restauración.

Cuando Jesús se enteró de la muerte de Juan el Bautista, la Biblia registra que buscó un lugar desierto y solitario. Juan el Bautista era familiar de Jesús y su reacción ante la trágica muerte de su primo fue apartarse, porque quiso estar a solas.

El texto lee: *"Cuando Jesús se enteró, se fue de allí en una barca, a un lugar apartado".* (Mateo 14:13, RV60) Jesús en su humanidad podía sentir el dolor intenso ante la llegada de una noticia que nos mueve el piso.

El duelo siempre será un estado de profundo dolor, independientemente de quién lo experimente. Es parte de nuestra naturaleza como seres humanos. Es la válvula de escape mediante la que expresamos las emociones y sentimientos más profundos, ante la pérdida de algo que valoramos mucho. Pero, aunque es sumamente doloroso, puede servirnos de ayuda para alinear nuestras vidas con el corazón de Dios.

Jesús, acabando de recibir la noticia, y aun buscando asimilar lo que había ocurrido, cuando las multitudes oyeron a donde se dirigía, lo siguieron a pie desde muchas ciudades. Cuando salió del lugar vio a la gran multitud y tuvo compasión de ellos. Puedo ver que Jesús no se detuvo en su duelo, sino que sanó a los enfermos y al caer la noche realizó uno de los milagros colectivos más impresionantes. Su acto resalta su gracia y su amor, aun cuando probablemente nadie entendió la pérdida ni el dolor tan agudo que estaba experimentando.

En Mateo 5:4 (RV60), Jesús mismo expresó la siguiente promesa: *"Bienaventurados los que lloran, porque ellos recibirán consolación".* La palabra *"bienaventurado"* viene del adjetivo griego que significa *"dichoso".* Jesús llamó bienaventurados a los que lloramos, y en el contexto de este versículo literalmente implica aquellos que tienen un lamento por un corazón quebrantado.

Serán consolados los que lloran, porque el alma se conmovió ante un evento que los desgarró, por tribulaciones temporales o por otras pruebas en nuestra vida cristiana.

Quienes lloramos, somos bienaventurados porque recibiremos consolación directamente de nuestro amado Señor, quien nos comprende, nos abraza y nos dará también paz y gozo en medio del dolor.

"Cuando en mí la angustia iba en aumento, tu consuelo llenaba mi alma de alegría". (Salmos 94:19-21, NVI)

Segunda Etapa: La Ira

Segunda Etapa: La Ira

¿Por qué a nosotros?

"¡En el mundo tendremos aflicción!"
(Juan 16:33, RV60)

9

¿Por Qué Lo Permitiste?

S omos conscientes de que la vida nos puede cambiar en un instante, ya sea para truncarse dramáticamente, o para convertirse en una maravillosa primavera. Te sugiero que volvamos de nuevo junto a Job; un vistazo al relato de su vida pone de manifiesto que este hombre sufrió grandes pérdidas y a causa de tanto sufrimiento inesperado.

En un momento dado, llegó a enojarse en gran manera, incluso entró en un estado de amargura, porque no podía entender o razonar que Dios permitiera que le sucediera tanta desgracia. Job le preguntaba a Dios por qué no lo defendía y la razón de que lo afligiese con tanta dureza y sin compasión. Quería comprender por qué Dios le había dado una vida donde el sufrimiento era el protagonista y el dolor su compañía permanente, a pesar de su integridad.

En definitiva, Job se sintió traicionado por la justicia de Dios y se cuestionó por qué tantas personas en el mundo son sometidas a dificultades y quebrantos, aun siendo buenas. Él no podía creer su desenlace porque entendía que no merecía tanto sufrimiento.

A lo largo del libro de Job queda evidenciado que este hombre tenía ira con Dios, no había consuelo en ninguna de las palabras que le daban sus amigos, quienes a menudo no estuvieron nada acertados con sus consejos, llegando a decirle que la causa de tanto mal que le sobrevenía podía tener algún motivo específico del que Job era culpable. Job trataba de encontrar una razón a su tragedia. Su situación no mejoraba en nada y ante tanta desesperación puedo inquirir que se preguntaba: *¿Por qué Señor? ¿Por qué permites que sufra esta situación?*

Hoy, en este viaje literario, entramos a la segunda etapa del luto: La ira. Como etapa del proceso, la ira es una fase y una experiencia donde prevalece una gran confusión. En tiempos de dolor y sufrimiento es natural experimentarla. La ira es una emoción que puede expresarse de múltiples formas. Algunas personas la proyectan hacia Dios, otras veces la enfocamos hacia nosotros, inclusive en casos de fallecimiento, podemos airarnos contra la persona que se nos fue.

También se puede expresar hacia los médicos o hacia algún familiar o persona que cuido de nuestro ser querido, en el caso de que el fallecimiento fuera por una enfermedad. Puedo estar enojado porque lo que ocurrió no lo merecía, ni tan siquiera lo esperaba, ni me lo imaginaba.

La ira puede envolvernos como una densa niebla y provocar que nos sintamos perdidos. Cabe la posibilidad de que lleguemos a hacernos esa misma pregunta que hice yo el día que llegó esa trágica noticia: *¿Dónde estaba Dios cuando esto ocurrió? ¿A dónde se fueron su compasión, su amor y su poder?*

Seamos honestos, no nos resulta sencillo escuchar que esa pérdida fue la voluntad de Dios, o que tal desgracia es fruto del designio divino, y debemos aceptarlo. Algunos probablemente no entienden que, ante la repentina partida de un ser amado, se nos puede trastocar la fe, nos derrumbamos, y hasta pudiéramos sentirnos decepcionados con Dios. No falta quien juzga al enlutado que se enoja con Dios, o levanta preguntas al cielo. Lo tildan de falta de fe...

Cuando se nos va alguien a quien amamos sin reserva, sentimos que se nos quitó algo muy grande; un ejemplo muy limitado es compararlo con el niño a quien le quitan el juguete de mala manera y, sin poder entender, lo único que el pequeño hace es llorar. Probablemente, el niño recibe su juguete de vuelta, cuando este comienza a llorar, pero en nuestro caso, por más que lloremos, no nos es devuelto aquello que perdimos.

Y pudiéramos hacer la pregunta a Dios: ¿Por qué lo permitiste? Nos han enseñado que no preguntemos, pero comprendí que a Dios sí le importa cómo nos sentimos y nuestros cuestionamientos no le sorprenden, porque son parte de nuestra humanidad. Aunque luego nos sintamos incómodos por cuestionarle, pero en nuestro proceso de dolor cuantas más preguntas auténticas podamos hacerle, aunque no recibamos una respuesta inmediata nos ayudarán en la gestión de nuestras emociones de ira y enojo y comenzarán a disiparse cuando confiadamente podemos ir ante Él a expresarle lo que sentimos. Job así lo hizo: *Por tanto, no refrenaré mi boca; Hablaré en la angustia de mi espíritu, Y me quejaré con la amargura de mi alma,* (Job 7:11, RV60).

Dios no nos va a desechar cuando en nuestro dolor y amargura hacemos cuestionamientos, al contrario, Él, en su soberanía y bondad, muestra su comprensión y su gracia hacia nosotros en el sufrimiento. Podemos ver a Jesús en la cruz, el hijo de Dios se sintió abandonado en los últimos momentos de su vida. ¿Has entendido el cuestionamiento de Jesús mientras estaba alzado en el madero? Él gritó: *"...Dios mío, Dios mío, ¿Por qué me has abandonado?"* (Mateo 27:46, RV60).

En su humanidad, Jesús estaba pasando por el dolor, por la desesperación, por la agonía, Incluso el relato me indica que Jesús clamó en voz fuerte, o sea, lo gritó con fuerza de lo más profundo de su ser. *¿Por qué me has abandonado?* El Hijo de Dios, el Salvador, esas fueron sus últimas palabras pronunciadas antes de expirar en la cruz. Un grito agonizante al que pudiéramos atribuir un significado razonable, pero ¿cómo podría Dios abandonar a su Hijo?

Es obvio que Dios, el Padre, nunca dejó de amar a su Hijo. Tampoco que Jesús, el hijo, haya rechazado a Dios, Su Padre. Jesús mismo lo llamaba *"Dios mío, Dios mío"*. Hoy sabemos con seguridad que fue herido por nuestras transgresiones y molido por nuestros pecados, pero su Padre lo amaba tanto como siempre y aún más en su agonía.

Dios nunca nos ha abandonado, aun cuando no entendamos determinados desenlaces cruentos y trágicos que tiene la vida. Hoy te aseguro que mi Dios nunca te falló... Es más, puedo asegurarte que nunca te fallará. No puedo encontrar una respuesta a su soberanía, ni conozco todos los porqués de su voluntad, pero sí puedo ser partícipe de su gracia, mostrando su amor, su consuelo y su fortaleza hacia ti.

"No tengas miedo, porque yo estoy contigo; no te desalientes, porque yo soy tu Dios. Te daré fuerzas y te ayudaré; te sostendré con mi mano derecha victoriosa". (Isaías 41:10, NTV)

10

Enojada Con Dios

Transcurrida una semana del luctuoso acontecimiento, las cosas cambiaron. Habían sido siete días de constantes visitas, cercanía, llamadas telefónicas, abrazos y constante actividad. Ahora, de pronto, llegó el silencio. Ya no había gente a mi alrededor, me quedé sola en mi hogar por primera vez y entonces el aturdimiento emocional provocado por el vacío, dio la cara, apareciendo la incómoda punzada en el pecho que indicaba que había llegado el duelo.

Los síntomas que hicieron su aparición eran un claro aviso de lo que me tocaría experimentar por un tiempo que no sería breve: tristeza, lágrimas, dolor y otras emociones que llegaban sin invitar como la ira. Tras un choque emocional tan intenso es muy frecuente que aparezca el sentimiento de culpa, especialmente en los casos de una muerte inesperada. Entonces me preguntaba ¿Por qué a nosotros?

Hoy soy consciente de que vivir una experiencia tan dolorosa y en ocasiones traumática no es un castigo de Dios, ni tampoco se trata de haber tenido mala suerte, simplemente es que en el mundo vamos a tener aflicciones y ninguno de nosotros estamos exentos de sufrirlas.

"Estas cosas os he hablado para que en mí tengáis paz. En el mundo tendréis aflicción; pero confiad, yo he vencido al mundo".
(Juan 16:33, RV60)

Pero los pensamientos y las emociones nos abruman, sentimos frustración, rabia, incertidumbre y en nuestra mente se convocan infinidad de preguntas para las que, por ahora, no hay respuesta. Buscamos explicaciones, conclusiones y conjeturas, que no nos llevan a ninguna parte. Entonces mi vulnerabilidad ante lo sucedido me hace buscar un culpable.

Tal vez te sorprendan mis líneas, es posible que mi confesión te provoque asombro, pero antes de que emitas juicio tengo que decirte, que amo a Dios sobre todas las cosas, mi amor por Él es incondicional, pero en mi humanidad no comprendía nada de lo que había ocurrido. Unos padres pierden a su único hijo, unos abuelos pierden a su nieto, una tía pierde a su único sobrino, entonces me invadió la ira, estaba enojada con Dios.

Regresando a Job, él estaba convencido de que a Dios se le había ido de las manos su desgracia. Deseaba encontrarse ante el Altísimo en su tribunal, entonces expondría su caso y presentaría todos sus argumentos y alegaciones para defenderse (Job 23:3-4, RV60). Job deseaba encontrar a Dios para tener su turno de defensa y pedirle razones.

¿Sabes?, todos respondemos de maneras diferentes ante la pérdida, y en esas ocasiones experimentamos emociones y sensaciones a las que no estemos acostumbrados. Es parte inherente e inevitable del proceso sentir incomodidad, tristeza, enojo y el hacer preguntas.

¿Me permites regresar a la historia de Marta y María? Las dos hermanas están en duelo. Su único hermano había muerto y le habían dado sepultura. Transcurridos varios días desde el fatal desenlace, Jesús no había llegado y ahora su mejor amigo Lázaro había fallecido hacía cuatro jornadas.

Marta expresó su enojo, cuando oyó que Jesús llegaba a la aldea: salió a encontrarse con Él y sus primeras palabras a Jesús fueron: *"Si hubieras estado aquí, mi hermano no habría muerto"* (Juan 11:21, NVI), ¿no te parece que suena a reproche? Pero Jesús no se muestra incómodo porque Marta estuviera enojada, al contrario, Jesús sabe que en nuestra humanidad es probable que nos sintamos enojados cuando un ser querido se nos adelanta. Dios entiende muy bien lo que sentimos. En respuesta a nuestras emociones fuertes de dolor, Jesús nos dice: *"Está bien, yo te comprendo"*.

Sin embargo, María reaccionó de manera distinta a cómo lo hizo Marta frente a Jesús. Ambas le dijeron lo mismo, pero tenían diferente actitud. María expresó su dolor, pero también su grado de amor y dedicación. Marta expresó su fe con reproche, en cambio, María expresó su fe en un acto genuino de adoración, aun en su dolor. A pesar de que estaba enojada con Jesús, María adoró en la aflicción. *"María, cuando llegó a donde estaba Jesús, al verle, se postró a sus pies, diciéndole: "Señor, si hubieses estado aquí, no habría muerto mi hermano"* (Juan 11:32, RV60).

¿Te das cuenta? Son las mismas palabras, pero con diferente actitud, y aun Jesús no condenó la ira de Marta ni el reproche de María. Él entiende cuando estamos afligidos y quiere que sepamos que Él estará con nosotros siempre consolándonos y ayudándonos. Puedo hacerle preguntas, Él nos comprenderá, pero aun cuando mi reproche sea válido, yo debo adorar en la aflicción, debo adorar en el dolor, adorar en la enfermedad, tengo que adorar, aunque no tenga las fuerzas.

Tenemos libertad de expresar nuestros sentimientos genuinos hacia Dios, no estamos solos en nuestras interrogantes. Él nos consolará porque el corazón de Jesús se está rompiendo con el nuestro, en medio del dolor. Quiere que podamos encontrar descanso en Él, sabiendo que, aunque no obtengamos todas las respuestas que anhelamos, Él estará siempre presente.

¿Sabes?, yo encontré quietud y percibí que se disipaba mi enojo cuando comencé a adorarle, postrada a sus pies en completa humillación, luego de cuarenta y cinco días donde solo salían lágrimas, le adoré. Te invito a que dejes que tu enojo se disipe postrado a los pies del Maestro.

"Los sacrificios de Dios son el espíritu quebrantado; Al corazón contrito y humillado no despreciarás tú, oh Dios".
(Salmo 51:17, RV60)

11

¡Hijo Mío, Hijo Mío!

Los procesos de pérdidas en nuestras vidas siempre serán un evento inevitable y que, lamentablemente, a todos, sin excepción, nos tocará enfrentar en uno u otro momento. Las pérdidas son personales e intransferibles. Un sin número de cambios, emociones y situaciones sucederán, incluyendo pérdidas de nuestros trabajos, cambios de domicilio o accidentes que afectan nuestra funcionalidad.

También podemos incluir en esta lista a las enfermedades, divorcios, sueños o proyectos truncados que resultan en fracasos o bancarrotas económicas, incluso la muerte de una mascota, de un amigo cercano o la de un familiar. De alguna forma u otra, son circunstancias que en algún momento tendremos que enfrentar y con las que tocará convivir a lo largo de nuestro viaje por la vida y que desembocarán en duelo.

El duelo se puede considerar para cualquier tipo de proceso o pérdida que tengamos y no solo por la muerte de una persona amada. Es un proceso normal, que puede extenderse por un periodo a veces largo, durante el cual vamos asimilando y aceptando la ausencia, ya sea de una persona, cosa o condición.

En mi caso personal, tras un acontecimiento tan traumático, el duelo formó parte de mi vida, acompañado de intensa aflicción por la ausencia de alguien que representaba mucho para mí. Un manto de tristeza me arropó por mucho tiempo y las lágrimas fluían con facilidad y naturalidad asombrosas. Mientras pasaban los días y trataba de asimilar nuestra nueva realidad, el llanto era constante, poder hablar sin llorar era imposible; se convocaban en mi mente aquellas cosas que no hice, mortificándome con sentimientos de culpa, autorreproches e inutilidad que me ahogaban.

Por eso, entender el proceso del duelo para mí fue bien importante y hoy entiendo que fue lo que direccionó el proceso hacia la sanidad. En medio de toda aquella confusión, necesitaba conocer en qué consistía cada etapa para poder entender mis emociones. Al acudir a la Biblia descubrí determinados personajes que hundieron sus pies, y también su alma, en el cieno del complicado duelo.

Un ejemplo es el rey David, quien experimentó eventos muy fuertes en su vida, tales como la pérdida de dos de sus hijos, la muerte de su mejor amigo, conflictos con sus enemigos, incluyendo al rey Saúl, y complejos y durísimos problemas familiares. Todas estas situaciones fueron extremadamente adversas para él y lo quebrantaron sobremanera.

La terapia de David fue la música y la composición. Dedicó muchos de esos momentos difíciles a componer los Salmos más hermosos; componía canciones para canalizar sus emociones y sus frustraciones, postrándose ante Dios y abriendo su abatido corazón. Al final de cada queja, lamento o reproche, David siempre reconocía la soberanía de Dios, su ayuda y su consuelo y lo alababa. ... *Porque tú, Jehová, me ayudaste y me consolaste* (Salmo 86:17b).

Uno de sus más grandes quebrantos fue el momento en que murió su hijo Absalón. El relato me indica que tan pronto el rey se enteró de la muerte de su hijo, se turbó y lloró. David estaba tan desconcertado con la muerte de su hijo que deseó estar en su lugar, y haber sido él mismo quien muriera. *¡Hijo mío Absalón, hijo mío, hijo mío Absalón!* (2 Samuel 18:33, RV60). El rey gritaba a todo pulmón, lloraba y hacía duelo, porque tenía gran dolor por su hijo.

No importó el desenlace final y trágico del hijo rebelde y desafiante, ante un padre que lo lloraba con lo más profundo de las fibras de su corazón y de su alma. Un padre que amaba a su hijo y que se desgarraba y lamentaba por su muerte inesperada. Por favor, déjenlo llorar. Ante una situación como esta, los padres desearíamos morir antes que nuestros hijos. Al no ser así, la separación causa una enorme herida que duele profundamente, sin poder encontrar consuelo alguno.

El hijo que se va antes, es un proceso desgarrador para el que lo atraviesa. Sentir ese sentimiento de impotencia, de desgarro del alma y de dolor profundo supera cualquier idea que podamos tener al respecto. No hay respuestas, solo preguntas, no hay alegría, solo llanto y un dolor que no se puede describir.

El salmista escribió: *"Pero en mi angustia, clamé al Señor; sí, oré a mi Dios para pedirle ayuda"* (Salmo 18:6, NTV). Probablemente, necesitas saber si realmente Dios se interesa por ti al permitir tanto dolor en tu vida. Has gritado como David desgarrando el alma, exigiendo recibir respuestas a tu desenlace.

Puede que estés airado contra todos y contra Dios, pero hoy, aunque no puedas tener respuestas que contesten tus interrogantes, puedo decirte que puedes conocer a Dios desde lo más profundo y oscuro del pozo del dolor donde te encuentras. Clama como el salmista para pedir ayuda, en respuesta a ese clamor, se abrirá la puerta del consuelo, donde podrás sentir y ver Su inmenso amor hacia ti.

Él puede escuchar los gritos que salen de tu corazón, responder a ellos es una de sus más grandes virtudes. Por eso, Agar conoció al *ROI* cuando huyó al desierto, allí ella se refirió al Señor, quien la había encontrado como: *"Tú eres el Dios que me ve"* (Génesis 16:13, NTV). Cuando en el desierto gritó de desesperación, allí Dios le habló. Dirige tu dolor hacia Dios, el dolor será siempre nuestro enemigo. Deja que Él te escuche, te aseguro que Él será quien te rescate, será tu ayudador, tu libertador y tu fortaleza.

"Te amo, oh Jehová, fortaleza mía. Jehová, roca y castillo mío, y mi libertador; Dios mío, fortaleza mía, en él confiaré; Mi escudo, y la fuerza de mi salvación, mi alto refugio. Invocaré a Jehová, quien es digno de ser alabado, Y seré salvo de mis enemigos".
(Salmo 18:1-2, RV60)

12

Ropas De Luto

Cuando queremos discernir y describir la diferencia entre duelo y luto, podríamos decir que:

• El duelo es un proceso emocional y privado.

• Luto es la manifestación externa del duelo, asociado a comportamientos, manera de vestir y cómo nos conducimos frente a los demás.

En definitiva, el luto se refiere a la forma de exteriorizar ese profundo e íntimo sentimiento de tristeza o pesadumbre. Uno de los síntomas externos más visibles tiene que ver con las ropas o atavíos. En Puerto Rico, Estados Unidos, España, así como en muchos países occidentales, se usa ropa de color negro, mientras que en países orientales los enlutados visten de blanco. En Sudáfrica visten de rojo y en Siria y México los ropajes son color azul cielo.

Recuerdo con cierto estremecimiento estar buscando en mi armario esas ropas de luto que reflejarían el dolor, la tristeza y el lamento en el que se encontraba mi alma, el día del velatorio y sepultura de mi amado sobrino. Cada cual maneja esto de una manera personal y es quien decide cómo exteriorizar su luto. Por eso, nunca deberíamos señalar ni juzgar la forma en que lo hace, ni tampoco al que no lo hace.

En mi caso, pasados los oficios fúnebres, las ropas de color negro no fueron mi opción de vestimenta diaria, pero cada vez que abría el armario y veía la ropa que utilicé esos días, me causaba mucha angustia recordar lo que vestí. Estoy convencida de que mis rasgos externos reflejaban el luto en el que estaba sumida mi vida. Vestirnos con ropas de luto es exteriorizar el sentimiento de profunda tristeza que nos abate, así como el dolor emocional que experimentamos a causa de la pérdida sufrida.

La Biblia guarda el registro de diversos personajes que sí vistieron ropas de luto. Uno de ellos fue Jacob; lo hizo al creer que su hijo, José, había muerto de manera cruel y trágica. Aquella noticia lo hizo rasgar sus vestidos, poner sobre sus hombros y lomo un saco de cilicio y guardar luto por su hijo menor (Génesis 37:34, RV60).

Permíteme explicar que el saco de cilicio era la forma hebrea de describir a una tela rústica que utilizaba quien quería expresar que atravesaba un profundo dolor. Las ropas ásperas eran símbolos de luto, penitencia y crisis. Jacob no encontraba consuelo al no saber con precisión qué había pasado con su hijo José, por lo que guardó luto desde el momento en que supo que no volvería a ver con vida a su hijo más amado.

Nada lo consolaba, nada lo animaba, toda la familia quería confortarlo, pero él no admitía consuelo. El luto de Jacob fue largo, al punto de que manifestó su deseo de ser un enlutado hasta su muerte (Génesis 37:35, RV60).

Hoy quiero declarar que la intención de Dios es cambiar nuestras ropas de luto por otras vestimentas que expresen emociones muy distintas. Es su deseo darnos un *"manto de alegría en lugar del espíritu angustiado"* (Isaías 61:3b, RV60). Él quiere que puedas experimentar el gozo en vez del quebranto. Quiere quitar las vestiduras de tristeza de las almas afligidas para poner un manto de continua alabanza. Ese manto de Dios transformará nuestras vidas, nos levantará, nos arropará con Su paz y nuestra alma se alegrará en Él.

El vestido que Dios nos pone no es comparable con las ropas que usamos, van más allá de una pura vestimenta, se convierten en coraza protectora para los tiempos difíciles que pudiéramos estar atravesando. Podemos, aun en momentos de luto, perseverar con gozo hasta que venga el Señor Jesús a nosotros y seamos trasladados a ese lugar y condición donde ya no habrá más llanto ni más dolor.

Te invito a que, sea cual fuere la etapa que estés viviendo, te arropes con las vestimentas que fueron diseñadas por Dios para ti y para mí. Dale la oportunidad a nuestro amado Señor de cambiar tus ropas de luto por otras que te proporcionarán paz, consuelo y esperanza. No tenemos por qué quedarnos en el luto del alma hasta que descendamos a la sepultura. Podemos vestirnos con ropas de alegría aun cuando nuestro dolor nos abata.

Recuerda que Dios nos prometió que Su fidelidad siempre permanecerá, así que no permanezcas callado; glorifica, clama, canta y alaba a Dios.

"Tú cambiaste mi duelo en alegre danza; me quitaste la ropa de luto y me vestiste de alegría, para que yo te cante alabanzas y no me quedé callado. ¡Oh, Señor mi Dios, ¡por siempre te daré gracias!"
(Salmo 30:11-12, NTV)

13

Etapa Necesaria

Superada la etapa de la negación, nos adentramos en otra en la que nos embarga la inquietud y la necesidad de encontrar a alguien a quien responsabilizar de la pérdida de nuestro ser querido.

Esta nueva fase se caracteriza por la ira y la rabia, y se trata de un período difícil de afrontar para quienes la experimentan. Conviene precisar que esas emociones tan incómodas que ahora cobijamos tienen como objetivo protegernos de la tristeza, provocando irritabilidad en distinta intensidad, durante todo este proceso.

Así que la ira suplanta a la tristeza y se impone como protagonista de nuestro dolor. Lo habitual es proyectar esa ira y enojo contra nosotros mismos, aunque también es habitual desplazarlo hacia nuestro ser querido que se fue, a familiares o amigos y hasta a objetos que nos hacen recordar a esa persona especial.

La ira puede mezclarse con la culpa que nos arropa, incrementando nuestro enfado. En esta etapa hacemos preguntas y buscamos respuestas; queremos motivos y no encontramos las razones. Pero, aunque parezca agobiante, este tramo del camino es totalmente necesario para atravesar nuestro proceso de duelo. Probablemente, sientas coraje, incluso con quienes intentan ayudarte. Percibirás muchas de sus opiniones o consejos como innecesarios, por la forma en que te sientes.

Permíteme regresar a nuestro personaje, Job, que, como bien sabes, atravesó todas las etapas del duelo. Cuando Job estuvo en la fase que ahora describimos, él proyectó su ira en contra de sus amigos y también hacia Dios. Sus amigos, que llegaron con la intención de ayudarlo en medio de aquel proceso de dolor, no lograron aportar nada positivo ni mejoraron los sentimientos ni emociones de Job.

El relato que la Biblia hace muestra tres series de intercambios de opiniones entre cada uno de los amigos y Job. En todos ellos vemos que no faltó la ironía ni los argumentos amargos. Los tres *"¿amigos?"* Se convirtieron en abogados de Dios y sentenciaron a Job a reconocer su pecado.

Su intención sincera de ayudar se convirtió en una acusación inoportuna e incorrecta del motivo del sufrimiento de Job. Cada uno puso de manifiesto algunas evidencias que tenían con respecto a su particular concepto de Dios. Job se llenó de tristeza al escuchar aquellas conclusiones. Experimentó un intenso dolor al sentirse increpado y empujado a encontrar su falta y su pecado. En medio de esa vorágine emocional entró en un confuso bucle, intentando hallar el motivo de su aflicción ... Pero ¡siguió confiando en Dios!

No era capaz de comprender lo que le estaba sucediendo y llegó a pensar que el Dios con quien estaba acostumbrado a relacionarse no parecía ser el mismo de antaño. No encontraba motivo para su castigo, aunque lo siguió reconociendo como un Dios justo, fiel y perdonador. Aun así, necesitaba escuchar por qué Dios lo castigaba, y anhelaba la oportunidad de defenderse.

Esta posibilidad es real para cada uno de nosotros. Podemos llegar a acariciar la idea de que nuestra situación de dolor es fruto de un castigo de Dios, y esta aseveración nos hace inquietarnos profundamente. Déjame decirte que en la realidad no es así y deseo animarte a que desvíes tu ira y descanses en el Señor. Dios no está ajeno a los asuntos del hombre y entre los momentos de desesperación que enfrentamos, nuestra fe en Él es completamente segura. Hoy tengo la certeza de que Dios está en medio del sufrimiento y aunque pienses que el desenlace fue injusto, su intención es extender Su mano para ayudarte.

Lamentarás, posiblemente, que quienes vinieron con el propósito de ayudar, parece que se han convertido en enemigos, llegando a ser parte de tu amargura en vez de fuente de consolación. Pero aun en medio de tu confusión y aflicción, te animo a que sigas confiando en Dios. Job lo perdió todo y pensó que el mundo entero, incluyendo a Dios, estaba en su contra. Satanás usará este argumento para llevar nuestros pensamientos cautivos mucho más allá de nuestro razonamiento. Pero, ¿sabes?, Job adoró aún en frente de su aflicción y en medio de las suposiciones equivocadas de sus mejores amigos. Él mismo expresó: "Yo sé que mi redentor vive..." (Job 19:25a, RV60).

En esta etapa del duelo, los sentimientos de culpa se alzan como un poderoso enemigo, pero te aseguro que la misma fue absorbida por Jesús en la cruz. Él vino a dar su vida por nosotros para quitarla, sea cual fuere. Cuando nuestra vida queda vacía de culpa, Él la llena de completa paz.

No permitas que la cruel culpabilidad defina tus días venideros. Camina en la gracia de nuestro Señor porque no eres... No somos culpables de ningún desenlace ocurrido. Satanás quiere utilizar la culpabilidad tóxica para alejarnos de Dios y mantenernos presos en el dolor.

Entrega la culpa a Dios, para que el remordimiento no aprisione tu vida. Él promete restauración para ti, camina en libertad, no fuimos diseñados para cargar con la culpa que ya Jesús llevó en la cruz por nosotros. Su gracia te alcanzó, ten paz.

"Ahora, que el mismo Señor de paz, les dé su paz en todo momento y en cada situación. El Señor sea con todos ustedes".
(2 Tesalonicenses 3:16, NTV)

14

Perdonar En El Dolor

Con el discurrir del tiempo fue siendo cada vez más consciente de que precisaba ayuda para superar el golpe traumático que había llegado a mi vida. Muchos no requieren de ese apoyo para superar su duelo, pero ante una situación tan difícil y desgarradora como la que sufrimos, reconocí que recorrer ese camino con ayuda profesional era vital para mi recuperación.

Pudiera ser que tú mismo/a hayas tenido la oportunidad de recibir ayuda en algún trauma o adversidad, y tal vez te hayas negado rotundamente a admitirla por no querer exteriorizar tus sentimientos con un extraño. Respeto tu decisión, pero permite que te diga, Dios también ha capacitado a otras personas con el objetivo de ser esos "paramédicos del alma", profesionales de la salud mental que operan como instrumentos en las manos de Dios.

Este grupo, irónicamente llamados *"Paramédicos del Alma"*, fueron los que ayudaron a superar esa etapa tan dolorosa. Se trata de una coalición cristiana creada específicamente para la prevención de pérdidas como la que nosotros habíamos sufrido. Encontrarme con ellos fue parte del plan de Dios para mi proceso de restauración.

Recibí esa asistencia de parte de la doctora en Consejería Cristiana, Ileana Román, a quien estaré siempre agradecida por la manera tan efectiva como me guio durante varias semanas. Recuerdo cómo sus palabras eran aliento y bálsamo a mi alma herida. Aunque la mayor parte del tiempo el llanto ahogaba nuestras conversaciones, su sabiduría, acompañada por la gracia de Dios hacia mí, lograban reconfortar mi abatido corazón y fortalecerme espiritualmente.

Pero ¿qué significa perdonar en el dolor? En el duelo, durante la etapa de la ira, llegan resentimientos que es necesario identificar para sanar nuestra amargura. Van a darse circunstancias que estarán fuera de nuestro control. En el difícil camino del duelo, es probable que aparezcan culpables a los que quieras sentenciar sin piedad ni misericordia con el fin de encontrar calma a tus agitadas emociones.

Pero, sin importar cuál fuera el detonante de la pérdida de nuestro ser querido, cualquier resentimiento que llegue debe ser tratado por el Divino Médico que sana y ve todas nuestras heridas. Dios quiere que tengamos corazones sanos, y es su intención ayudarnos en el proceso de perdonar. Pudiera ser que vivas esperando un tipo de justicia que no necesariamente es la de Dios; te aferras a la misma y con desesperación ansías que llegue.

Por otro lado, tal vez tu coraje esté proyectado hacia el ser querido que se adelantó repentinamente. En ese transcurso tu corazón puede recubrirse de más ira por no encontrar razones que nos lleven a entender el resultado final. En mi caso, aunque no lo reconocí rápidamente, necesitaba perdonar antes de que el resentimiento, la culpa y la ira dominaran por completo mis emociones. Sin darme cuenta albergaba una mezcla de todas esas emociones tóxicas, y necesitaba que Dios interviniera en mi herido corazón.

Aunque Dios fue trabajando en cada una de ellas, esta necesaria etapa alteró todo mi ser. No descansaba en las noches, ni conciliaba el sueño; la punzada del dolor por la angustia respiraba y caminaba conmigo, vivía dentro de mí, de día y de noche. En ocasiones no quería hablar, me irritaba que me preguntaran cómo me sentía, aunque las intenciones eran buenas, pero mi corazón estaba tan destrozado que entendía que era notable que no estaba bien. Esa percepción puede afectarnos al no ser capaces de discernir que las personas sí se interesan en nuestro bienestar.

Pero en medio de una vorágine de emociones, el perdón es necesario para nuestras vidas. Lo es en el aspecto físico y también en el emocional. Perdonar es un asunto decisivo para lograr la paz. Se ha encontrado que cuando se perdona se reducen significativamente los niveles de ansiedad, depresión y rabia que inundan nuestras vidas en este proceso de duelo. El perdón no necesariamente requiere la presencia de aquel hacia quien proyectamos la ira o el resentimiento, se trata de un proceso de sanidad interior donde nuestras emociones necesitan lograr un clima de paz.

El perdón será una decisión que debe hacerse de manera voluntaria, y nos libertará de la carga del resentimiento. El perdón será siempre una forma de dar y recibir amor. Miremos de nuevo el ejemplo de Jesús: su muerte en la cruz fue una cruenta y vil transgresión, fue vituperado, escarnecido, traspasado y humillado. Vemos cuál fue su actitud en medio del cruel proceso hacia la muerte: Perdonó a todos.

Por cuanto recorrió ese camino, Él es consciente de lo que sientes, y nos entiende en nuestro dolor. Él te ayudará a perdonar, a librarte de la angustia y de la rabia. Hablarle a Aquel que fue puesto en el madero, te ayudará a pronunciar esa palabra que parece difícil de articular: Te perdono.

Puedo asegurarte de que por el poder de la sangre de Cristo ya no sentirás esa rabia, culpa o resentimiento que abate tu alma. A pesar de que perdonar no es sencillo, Dios no quiere que lo demoremos por más tiempo. De hecho, quiere que demos y recibamos el perdón inmediatamente. Perdonar en un proceso de dolor puede convertirse en algo aparentemente insuperable, pero es necesario que lo hagamos. Si percibes que careces de la fuerza, entonces debes hallarla en Cristo. *"Todo lo puedo en Cristo que nos fortalece".* (Filipenses 4:13, RV60)

Yo experimenté el gozo de perdonar: Ayudada y dirigida por mi consejera espiritual, decidí pronunciar esas palabras de perdón. El perdón tiene poder para sanar las heridas emocionales más profundas y dolorosas. Pronuncia conmigo las palabras que te harán libre y que contribuirán a tu sanidad interior: *"Te perdono".*

Es hora de que avances hacia tu restauración. Deja que la decisión del perdón sea un acto de amor para ti y para tu ser querido. Dios quiere sanarte.

"Él sana a los quebrantados de corazón, Y venda sus heridas".
(Salmo 147:3, RV 60)

15

Reemplazaremos Los Ladrillos Rotos

El ladrillo es, en esencia, una mezcla de diversos elementos entre los que prevalece la arcilla. Una vez que pasa su proceso de fabricación, es utilizado como material para construir. Es decir, luego de estar preparada, la arcilla es utilizada para levantar muros y fabricar diversas estructuras. El ladrillo característico, puesto que hay diversidad de opciones, es rectangular, limitado por seis paralelogramos cuyas caras opuestas son todas iguales y paralelas.

Cuando en una construcción un ladrillo se deteriora o se rompe, debe extraerse cuidadosamente y ser reemplazado por uno nuevo, el cual, obviamente, debe tener el mismo tamaño que el que será reemplazado. Antes de colocar la nueva pieza, el área se debe limpiar con esmero y dedicación.

Un dato interesante es que esos ladrillos rotos, fueron expuestos a idénticas circunstancias que todos los que conforman la estructura: temperaturas, vientos, condiciones ambientales, tormentas, lluvias y las más diversas situaciones. La edificación se mantuvo en pie, pero algunos ladrillos sufrieron más directa y profundamente las consecuencias de los agentes, hasta quedar quebrados.

Te preguntarás adónde quiero llegar con esta explicación... ¿Sabes?, todos experimentamos dificultades de diversos tipos; algunas podemos catalogarlas como circunstancias temporales, sin embargo, hay otras cuya estela es notoria y perdurable. A esta última categoría pertenece la pérdida de un ser amado: Quedamos destrozados y sentimos como se ha roto una parte esencial de nuestro ser interior. El sentimiento es idéntico cuando la razón es un fracaso matrimonial, o ante la llegada de una enfermedad de pronóstico terrible u otras circunstancias inesperadas, cuyo acaecer nos dejan destruidos, en el enorme sentido de la palabra.

He aprendido que cuando nos sentimos hechos pedazos, debemos entender que hay un Dios que también trabaja con arcilla y que está dispuesto a recomponer el destrozo, poniendo cada cosa en su lugar. Con la ayuda de nuestro Señor y al depositar nuestra confianza en Él estamos dejándole que actúe, obrando como el divino restaurador.

Podemos estar seguros de que Él llegará en nuestro auxilio reemplazando de manera ordenada y amorosa lo que se salió de lugar. Él va a ir directamente al origen de nuestro dolor consolando el alma herida. Lo hará de manera perfecta, con su amor, su comprensión y obrando una impecable restauración.

Es probable, y también lógico, que en nuestra etapa de la ira nos obcequemos en hallar respuestas que hagan que la vida tenga realmente sentido. Buscamos razones para poder continuar, pero ante las situaciones adversas y muy difíciles se presenta Aquel que desea restaurarnos para levantarnos de nuevo y así poder seguir adelante con fuerzas renovadas. Reconstruirnos a pesar de lo alterados que estemos, es parte de Su plan perfecto para recuperar nuestros pedazos rotos. Aun en la rotura y en lo intenso que se siente el peso del vacío en nuestra alma, así no es como Dios lo ve. Él mira la gran crisis y en ella encuentra la mayor oportunidad para transformar, reconstruir y sanar cada fibra de nuestro interior.

En mi personal duelo yo sentía y veía mi interior como un depósito lleno de pedazos rotos, en donde caminaba incompleta con un inmenso vacío en mi interior. El dolor del quebrantamiento, lejos de remitir, aumentaba mientras pasaban los días.

La definición del término *"quebrantar"* es: "separar con violencia las partes de algo". Significa romper y así puede que nos encontramos, con el corazón hecho pedazos. La gente no puede ver cuán roto estás, pero te muestras como la pared. Estás de pie, pero hay ladrillos rotos que necesitan ser reparados.

¿Sabes?, la intención de Jesús es tomar cada pedazo y todo aquello que se encuentre roto para unirlo. Ante la amargura que nos abate, la falta del perdón, la herida que duele y la culpabilidad que nos arropa, es el deseo de nuestro amado Señor intervenir para transformar y renovar nuestra alma y calmar nuestras profundas heridas emocionales por medio de su mano sanadora. La restauración puede que tome un tiempo, pero hoy te animo a dejar que el artífice divino restaure cada pedazo roto de tu ser interior. Experimentarás lo que significa que Él mismo sea tu reparador, porque es el más sublime experto en restaurar lo que se quebró. Su intención no es dejarte tal y como ahora te sientes, al contrario, quiere que puedas vivir una vida plena en paz, sin culpa y arropado de su amor.

Dios quiere reiterarte Su promesa de que va a estar a tu lado siempre. Nuestro Dios nos conoce y a pesar de cuán destrozados nos sintamos, quiere extender Su mano para darnos fuerzas y ayudarnos.

¡Cuántas veces a lo largo de mis días, sentí que Su mano me consolaba en las noches!, me abrazaba cuando lloraba, me reiteraba con Su presencia que estaba allí conmigo. Pude sentir siempre su compañía; cuando comenzaba a llorar sin parar y de momento sentía su amor que me sobrecogía hasta calmarme. Hoy te invito a que puedas recordar que no estás solo. Te lo aseguro, no estás sola, Dios estuvo, está y estará contigo cada día. Pronto verás reemplazado cada ladrillo roto.

"Decían: Reemplazaremos los ladrillos rotos de nuestras ruinas con piedra labrada y volveremos a plantar cedros donde cayeron las higueras sicómoros". (Isaías 9:10, NTV)

16

Dios No Tiene Por Qué Darnos Explicaciones

Paso a paso hemos completado el arduo y en ocasiones difícil trayecto de la ira. Probablemente, ha sido una senda abrumadora, ya que la ira puede resultar una emoción muy tóxica, originando que quien la sufre se sienta muy mal.

El trayecto en esa etapa puede tornarse interminable, dando la sensación de que nunca lograremos superarlo. Para incrementar la presión, en esa fase suelen añadirse otras emociones, generándose una amalgama emocional difícil de gestionar. Pero uno de los factores más difíciles en esta etapa, es la falta de explicaciones. En la ira afloran las interrogantes a Dios y anhelamos respuestas para poder así reconciliarnos con Él. En definitiva, nos encontramos con mil preguntas y ni una sola respuesta.

Si regresamos al relato de la vida de Job, descubrimos que él anhelaba tener una conversación con Dios, incluso deseaba encontrarlo donde fuera. Job se sentía frustrado y decepcionado, le había dedicado su vida y todas sus posesiones al Señor. Sin embargo, ahora se encuentra sin nada, solo y al lado del basurero (Job 2:8, DHH). Ha perdido todos sus bienes, también la salud y lo más terrible de todo: A sus siete hijos y a sus tres hijas.

Es entonces cuando Dios hace su entrada. Había estado en silencio, pero estaba al tanto de cada detalle y de cada una de las lágrimas vertidas por Job. Escuchó todos y cada uno de los argumentos, las quejas, las explicaciones y las teorías de sus amigos. Ahora se hace visible a Job y a sus amigos (Job 38, RV 60).

La intención de Dios era que Job entendiera que, ante su desenlace, necesitaba poder ver su grandeza. Job dejó de protestar porque Dios le concede audiencia, pero no fue participante de un diálogo, ni contestó directamente sus preguntas, en ese momento Dios se le reveló a sí mismo tal como Él es.

En su revelación, Dios les manifestó su omnisciencia y utilizó una serie de interrogantes que mostraban Su Majestad, basada en todos los aspectos que tenían que ver con la tierra, el cielo y todos los seres vivos. Si Job no tiene entendimiento de esos elementos básicos del mundo donde vive, entonces surge la interrogante: ¿Cómo puede entender los grandes misterios que Dios tiene en Su perfecto plan eterno? Surgieron las preguntas de la creación del mundo, de esos aspectos respecto a los que nosotros no tenemos ni idea de cómo funcionan.

Dios ordenó las medidas del mundo y comprende perfectamente cada detalle que sostiene la Tierra, porque Él mismo la creó. Él fue quien puso límites a los mares y estableció las leyes de la física que los separan de la tierra. Dios conoce las aguas y lo que hay en sus profundidades. Tiene el poder para poner el orden en el día y en la noche, y que cada periodo disponga de su lumbrera en el momento exacto.

¿Podrás explicar dónde se mantienen los vientos, los relámpagos y las tormentas, incluyendo lo relacionado con cada elemento de la naturaleza? ¿Sabes cómo se controla la cantidad de la lluvia y la nieve y cómo predecirlo? Si no podemos entender estos y otros aspectos grandiosos de la creación y del orden del cielo, ¿cómo nos atreveremos a alzar juicio a Dios por el trato que tiene hacia nosotros los humanos?

Los amigos de Job expresaron su opinión con respecto al sufrimiento que este padecía. Job trató de defenderse buscando la causa de su aflicción, pero tras pedir con insistencia una confrontación cara a cara con Dios, le es concedida... Llegado el momento, Job enmudece ante el Omnisciente, Omnipotente, Omnipresente; guarda silencio ante el Soberano Rey del Universo.

El discurso de Dios concluye con una trascendental pregunta que deja a Job sin argumentos: *"¿Todavía quieres discutir con el Todopoderoso? Tú criticas a Dios, pero ¿tienes las respuestas?"* (Job 40:2, NTV). ¡Wow! ¡Que pregunta! Obviamente, Job no pudo contender con la soberanía y conocimiento de Dios, aun pudiendo escuchar sus explicaciones, Él no tiene por qué hacerlo.

Sea cual fuere tu pensamiento, la intención de Dios es sanarte. Su mano consoladora se posa sobre ti mientras lloras. No bloquees tus emociones, grita, desahógate con alguien, intenta salir, caminar, porque cuando expresas tu ira descubres lo intenso y hermoso de tu amor hacia tu ser amado y mientras tanto vas dejando que Dios suture tu alma con hilo de oro.

En un momento le preguntaba a Dios *"¿por qué no cambiaste el desenlace final de este suceso?"* Es posible que también tú tengas esa pregunta, pero, ¿sabes?, tengo una esperanza y miro el futuro a través de ella. La esperanza va acompañada de la mano de Jesús. Con ella desarrollé una mayor dependencia en el Señor, necesité grandes dosis de valor para ser completamente honesta conmigo y aceptar que tenía un gran dolor emocional y una profunda tristeza en mi alma.

Puede que quieras sepultar esa realidad y bloquear todo intento de alcanzar la sanidad y la paz de Dios. Hoy te invito a fijar tu mirada en Jesús, en la cruz, y recibirás el amor y consuelo que solo Dios nos puede dar. Su gran amor y compasión nunca fallan, sus misericordias y su fidelidad jamás terminan. Junto a Jesús, el Espíritu Santo puede sanarte, para que tu alma experimente sosiego. Libera tu ira hoy, agradece al Señor, aun cuando no lo entiendas, Él nunca te dejará. Aun en medio de todas mis memorias y lamentos, me esperanzo cuando leo lo siguiente:

"¡El fiel amor del Señor nunca se acaba! Sus misericordias jamás terminan. Grande es su fidelidad; Sus misericordias son nuevas cada mañana. Me digo: El Señor es mi herencia, por lo tanto, ¡esperaré en Él!" (Lamentaciones 3:22-24, NTV)

Tercera Etapa: La Negociación

Tercera Etapa: La Negociación

Tratando de comprender

"No podemos comprender todo..." (Eclesiastés 3:11, RV 60)

17

Buscar Entender Lo Ocurrido

La reflexión que hoy nos ocupa nos sumerge de lleno en la tercera etapa del duelo: La negociación. Me parece importante recordar que no todas las personas experimentan los diversos síntomas en el orden riguroso que corresponde a cada etapa. Incluso los distintos pasos del proceso pueden ser muy diferentes dependiendo de las características particulares de cada individuo. Síntomas similares con circunstancias diferentes.

Tras la partida de un ser querido o una pérdida significativa en nuestra vida, ya sea una relación, un trabajo, una casa, o cualquier otra crisis importante, esta etapa de la negociación puede marcar un paréntesis, algo así como una breve tregua, a nuestras agitadas emociones en el proceso del duelo. Anhelamos que todo sea una pesadilla, nos sentimos desorientados y deseamos desesperadamente regresar atrás en el tiempo.

Tal tormenta emocional puede llevarnos a intentar pactar con el dolor. La etapa de la negociación puede venir acompañada por la creación de escenarios que puedan ayudarnos a entender lo que realmente ocurrió. También es frecuente tratar a Dios, como si Él fuera el causante de esta pérdida.

Cuando la circunstancia tiene que ver con una enfermedad terminal, es frecuente intentar negociar con Dios, pidiéndole postergar el inevitable desenlace. Se trata de una etapa en la que se busca con anhelo el alivio al dolor, por lo que es un tiempo agotador para la mente, las emociones y el cuerpo físico que tiene que combatir con todos esos pensamientos que difieren notablemente de la realidad que se vive.

El dolor nos deja sin fuerzas para ser funcionales y las rutinas diarias son extenuante. No queremos salir de casa o tener vida social. Se nos va el deseo por las cosas y ni nos interesan los días especiales, días festivos o celebraciones en nuestra comunidad de fe. Ante tal avalancha de emociones nos convencemos de que la solución a este dolor sería el retorno de nuestro ser querido y nos resistimos a aceptar que ese encuentro nunca ocurrirá.

En mi caso, recuerdo en mi lloro rogarle desesperadamente al Señor que me ayudara a sanar el dolor de mi alma. Quería que viera que no podía comprender lo que había sucedido. Así que una y otra vez imaginaba en mi mente posibles caminos que habrían evitado tan trágico desenlace y eso solo abrumaba aún más mi mente. El duelo es una crisis que requiere una intervención divina, porque la pérdida nos alteró drásticamente, y nunca seremos los mismos.

En el capítulo 3 de Eclesiastés, el autor presenta una gran verdad, cuando dice en el versículo 1: *"todo tiene su tiempo"*. Y es que difícilmente podremos comprender que hay un tiempo oportuno para las cosas, especialmente para aquellas que representan lo opuesto de lo que cualquiera puede desear.

Admitimos que hay tiempo idóneo para plantar, pero resulta difícil asumir que también hay tiempos para lo contrario y que son ideales para arrancar lo que está plantado (Eclesiastés 3:2, RV60). Dos tiempos totalmente diferentes con resultados opuestos y que no se realizan a la vez. Podemos verlo de esta manera para entenderlo, podemos sembrar, pero vendrá el tiempo de cosechar. Si seguimos analizando lo restante de los versículos, vemos que habrá un tiempo para diferentes acciones en distintas temporadas.

Llegará un tiempo en el que habrá destrucción, pero vendrá la temporada en que se podrá edificar. Habrá tiempo de estar heridos, pero también para sanar. Tendremos tiempo para abrazar, pero habrá momentos para apartarse. Llegará el tiempo en que tengamos que buscar, pero igualmente el momento para dejar de buscar. Tiempo para guardar cosas, pero también para desecharlas. Tiempo para la guerra, pero vendrán tiempos de paz. (Eclesiastés 3:3-8, RV60)

Igualmente, el autor de Eclesiastés me deja saber que hay tiempo para nacer, pero amanece el día en que toca morir, es decir, hoy nacemos, pero mañana morimos (v2a). Hoy guardamos luto, mañana bailaremos (v4b). Hoy es el tiempo de llorar, pero qué bueno saber que habrá tiempo para reír (v4a).

Aunque puede ser difícil de comprender, hay un tiempo para cada etapa de la vida. El único que conoce todos los tiempos y discierne con sabiduría cuál es el que llega, es Dios. Él marcó con exactitud el tiempo perfecto para cada temporada, incluso cuando en nuestra humanidad no lo entendamos.

De hecho, el Creador todo lo ha hecho hermoso y nos ha dado la oportunidad de entender que hay un pasado, un presente y un futuro, sin embargo, en ocasiones no podremos comprender todo lo que Dios hace (Eclesiastés 3:11, RV60). Si Él permite que vivamos determinadas circunstancias, debemos asumir que es un plan de Dios, el Soberano. *"Aquello que fue ya es, y lo que ha de ser, fue ya, y Dios restaura lo que pasó"* (Eclesiastés 3:14–15, RV60).

La vida no se detiene, tiene etapas y temporadas que van y vienen, entender esto es crucial y nos permitirá cruzar las diferentes estaciones de nuestro viaje por la vida.

"Todo tiene su tiempo, y todo lo que se quiere debajo del cielo tiene su hora". (Eclesiastés 3:1, RV60)

18

Nadie Entiende Mi Dolor

Hay un aspecto que todo ser humano tiene seguro: Desde el primer aliento de vida, nuestra certeza es que un día nacimos y un día morimos. De la cuna a la tumba, es el camino trazado para todos, pero hablar del proceso de muerte resulta extraordinariamente complicado, pues se trata de algo difícil de asimilar. Sabemos que, aunque todos moriremos, el hecho de vivir con la angustia de la ausencia de un ser amado, nos apesadumbra.

El proceso del duelo es algo individual, el mismo dependerá inclusive de la forma como lo enfrentamos y cómo gestionaremos nuestras emociones y decisiones. Y aunque el dolor se digiere más rápido si estamos acompañados que si lo enfrentamos en soledad, lo cierto es que, aunque tengamos apoyo familiar o social, es muy difícil que alguien logre entender nuestro dolor. Cada ser humano vive las pérdidas de manera personal y única, basado en sus vivencias, creencias y valores.

El proceso del duelo puede tornarse silencioso, donde no se nos permitirá expresar de una forma u otra nuestro dolor, decepción o nuestra ira por la pérdida sufrida. Nos vemos en la imposibilidad de expresar ninguna emoción, incluso tocará aparentar que estamos bien, cuando los familiares o amigos que estén cerca no logren entender nuestro sufrimiento.

Expresiones tales como: *"Está mejor que nosotros"*, *"ya no sufre"* o *"lo volveremos a ver"* intencionan infundir consuelo, pero no logran aliviar la cruda sensación de vivir sin ese ser querido. En ocasiones las personas me decían: *"Te admiro, porque eres una mujer fuerte"*. Sin embargo, yo me decía a mí misma: *"¿Por qué dicen que soy fuerte, si yo estoy en pedazos?"* Podemos aparentar estar bien, pero es una forma de ocultar que nuestro ser interior está sufriendo profundamente.

Puede que te hagas la interrogante: ¿Podrá haber algún sufrimiento comparable al mío? ¿Acaso no les importa lo que estoy viviendo? Cuando menos, ¿me podrán hacer caso?, por favor mírenme y no me juzguen. ¿Habrá alguien que se interese en mí? Parece una súplica clamando por piedad, pero es que el dolor por la pérdida puede ser atroz. Podemos sentarnos en el suelo, completamente abatidos, sin ser comprendidos y sin poder soportar ese sentimiento desgarrador. Probablemente, nuestro sufrimiento no significa lo mismo para los demás. Puede que no se conmuevan aquellos que pasan cerca de nosotros, los enlutados. Es posible que nos abandonen los amigos y conocidos y pueden llegar a pensar que no requerimos tanta ayuda, que podemos continuar el camino en soledad y sin acompañamiento.

Inclusive en medio de nuestra miseria, en donde hemos perdido nuestro esplendor y no hemos encontrado ningún consuelo, decaemos en la necesidad de ser comprendidos. Pero ante la falta de estima y consideración, es la gran oportunidad para que todos nuestros dolores nos puedan llevar a la cruz de Cristo. Caminar de la mano de Jesús, cargando la cruz, es la mejor opción. Jesús sabe muy bien lo que es caminar con ese gran peso.

Los evangelios hablan acerca de un hombre que, de camino al Gólgota, ayudó a Jesús a cargar su cruz. Su nombre, Simón de Cirene o mejor conocido como el Cireneo (Mateo 27:32, RV60). Es muy poco lo que se dice de él, solo que fue impuesto de ayudar con una cruz que pesaba aproximadamente entre 75 y 125 libras. Jesús la cargó durante una parte del camino, pero es evidente que el agotamiento físico y el sufrimiento, lo habían extenuado.

Las costumbres romanas de esa época dictaban que el convicto tenía que llevar su propia cruz, pero ante un camino tan escabroso los soldados le permitieron tener ayuda. Cargar con el madero de Cristo no fue una elección de Simón de Cirene, pero, aunque lo hizo obligado, estoy persuadida a creer que luego resultó para él un gran privilegio. En definitiva, Jesús llegó extenuado y sumamente adolorido a la cruz, por eso Él entenderá siempre cómo nos sentimos.

Solitarios, atribulados, desolados, debilitados y llorando amargamente, sin conseguir en ocasiones a quien se interese lo suficiente para consolarnos. Pero aun en la aflicción podemos estar confiados en aquel que experimentó quebranto y que entiende mi sufrimiento.

Todavía puedo descansar en mi Señor, el único que entenderá cada vez que le exprese cómo me siento. Aunque el torrente de mi lamentación pueda ser casi abrumadora, puedo concluir que el acercarme a Él cambiará la forma como nos sentimos.

Vengan a mí todos ustedes que están cansados y agobiados; yo les daré descanso (Mateo 11:28). Jesús, por su sufrimiento en la cruz del Calvario, es el único que puede comprender cada una de nuestras tribulaciones. Él sabe que experimentaremos pruebas y temores, por eso no tenemos que pasarlos solos. Sentirnos mal no es debilidad, es una oportunidad de recibir consuelo y fortaleza del único que entenderá mejor nuestro dolor.

"Fíjense ustedes, los que pasan por el camino: ¿Acaso no les importa? Miren si hay un sufrimiento comparable al mío..."
(Lamentaciones 1:12, NVI)

19

Haciendo Un Trato

Todo aquello que hemos experimentado durante esta etapa del duelo es normal. Es natural y frecuente que luchemos contra nosotros mismos tratando de entender el porqué me siento así, pero el duelo es una realidad que debemos aceptar y admitir, y no debo tratar de evitarlo. Por eso es importante recorrer este camino en compañía, y conviene aceptar los ofrecimientos de ayuda, pues uno de los sentimientos más comunes y nocivos es el de la soledad.

Aunque resulte doloroso, es necesario hacerle frente a la pérdida. Por eso, es importante que retomemos nuestra vida y continuemos con nuestra rutina diaria, en la medida en que sea posible, pues será algo terapéutico. En mi caso, el continuar trabajando en mis asuntos personales, de familia, trabajo, iglesia y ministerio fue una pieza clave para comprender que, aunque fuera difícil lo que vivía, debía continuar.

Es cierto que los recuerdos de nuestro ser querido serán parte de nuestra vida para siempre. En ocasiones la memoria será constante y a veces intermitente. Asimismo, puede que un día hable sin emocionarme tanto y otro no logre articular una palabra sin llorar.

Por eso me resultó esencial poner en marcha mi vida, mis metas y mis planes. Era importante comprender que en mis manos yo tenía una familia, un matrimonio, hijos, padres, mi hermano y mi cuñada, tenía un ministerio, un trabajo y, aunque pareciera difícil dejar atrás el duelo, la decisión de continuar facilitaría mi proceso de sanidad. Resolví no quedarme en el proceso del duelo y por eso constantemente le pedía a Dios: *"Por favor, necesito que me ayudes a sanar para poder continuar".*

Hacer un trato con Dios y conmigo misma fue mi decisión. Las personas que han podido salir adelante tras eventos traumáticos en su vida, lo lograron porque, en medio de la adversidad, tuvieron la iniciativa de no echar raíces en el dolor, sino que se determinaron a continuar. Mi trato consistía en decirle a Dios estas palabras: *"Necesito que te encargues de mi dolor, y si me sanas, te aseguro que voy a testificarle a otros que Tú puedes sanar el alma y mitigar la intensidad del dolor".*

Mi dolor era tan fuerte que, te lo aseguro, resulta difícil describirlo. Era evidente que aquella angustia no encontraría sanidad por mis propios medios, tampoco con la intervención de otro ser humano, o de métodos alternativos. Era imprescindible la intervención de Aquel que puede restaurar lo destruido y sanar lo que parece incurable.

Cuando algo especialmente traumático acontece en nuestra vida, nos sentimos inseguros, como si nadie nos sujetara o tendiera su mano. La sensación es la de precipitarnos al vacío, sin que haya red ni ninguna protección. Frente a una situación así es inevitable sentir mucho miedo. ¡Qué paz nos proporciona saber que la Biblia afirma que en cualquiera de nuestras caídas y en cada uno de nuestros desiertos, tenemos ayuda garantizada!

En el libro de Deuteronomio, Moisés transmite un mensaje de ánimo a Josué. *"No temas ni te desalientes, porque el propio Señor irá delante de ti. Él estará contigo; no te fallará ni te abandonará"* (Deuteronomio 31:8, NTV). Esta exhortación dada por Moisés sirvió de ánimo a Josué para confiar solo y siempre en la fidelidad de Jehová. El Señor no nos fallará, ni jamás va a abandonarnos. No soltará tu mano, ni nos dejará caer al vacío, no importa lo profundo del abismo.

Dios nos proporciona alivio y auxilio en nuestro dolor, miremos hacia delante, porque los favores de Dios son constantes. Su amor y consuelo siempre se mostrarán porque proviene de un pacto de bienestar inmerecido por nosotros. Él nos va a sanar, Él nos va a ayudar. Hasta las montañas y las colinas fueron sacudidas por terremotos, pero no hay movimiento que pueda alterar las promesas de Dios a Su pueblo.

¿Te atreves a hacer un trato con ese Amigo fiel que no te dejará jamás? Su pacto es firme e inalterable, porque no está basado en ningún derecho nuestro, sino en la gran misericordia y amor de Dios mostrados hacia nosotros, que es desde siempre y para siempre.

Este verso de Isaías 54:10 resalta la certeza y estabilidad del amor de Dios hacia su pueblo, incluso en medio de las adversidades más grandes.

"Porque los montes se moverán, y los collados temblarán, pero no se apartará de ti mi misericordia, ni el pacto de mi paz se quebrantará, dijo Jehová, el que tiene misericordia de ti". (Isaías 54:10, RV60)

20

Todos Mueren

¡Hemos llegado a la mitad de este proyecto! Te estoy muy agradecida por haberme acompañado hasta aquí y ser mi confidente en el proceso de duelo que me tocó vivir. Soy consciente de que este trayecto ha combinado múltiples emociones, y confío en que habrás podido encontrar sosiego y ojalá que mis líneas te hayan sido de ayuda en el dolor que pudieras estar enfrentando.

Definitivamente, la vida está compuesta de retos, riesgos y transiciones. Enfrentarnos a ellos puede conllevar una profunda agonía, y tras el aturdimiento y el dolor, es probable que regresemos convertidos en personas diferentes. Es cierto que hay un ciclo en la vida en donde todos nacemos y todos vamos a morir, pero nadie está mentalizado para enfrentar el final del camino, por eso vivimos como si no hubiera muerte. Esta nos sorprenderá y nunca estaremos preparados para enfrentarla como algo natural.

La muerte de nuestros seres queridos nos puede generar incertidumbre, ansiedad y gran estrés. No podemos encontrar esa respuesta propicia para la situación que nos toca vivir y se nos hace tan difícil adaptarnos. Sea que lo esperemos o que nos tome por sorpresa, experimentamos un fuerte golpe parecido a un tsunami que llega con vigor y sin avisar.

Las muertes inesperadas provocan un gran impacto emocional, pero si hay una que provoca una conmoción y una sacudida intensa y prolongada, dejando sentimientos de culpa, coraje, decepción, desasosiego y otras tantas emociones, es cuando el ser querido comete suicidio. Además de las inevitables preguntas que surgen ante una muerte repentina, el suicidio es ese tipo de fallecimiento donde el duelo se torna extremadamente complejo y muy doloroso.

Ante la muerte, independientemente de cuál sea el medio, la edad o la enfermedad, las preguntas y lacerantes reflexiones siempre estarán presentes: *"¿Por qué tuvo que ocurrir?" "Era tan joven para morir", "Estaba en la flor de la juventud", "No merecía morir así".* Pero a fin de cuentas, la muerte siempre será esa crisis irrevocable que hemos de enfrentar. Todos transitaremos ese valle de una forma u otra como parte de nuestra vida.

Aunque hablar sobre este proceso de muerte resulta complicado y muy difícil de asimilar, mi intención es enfocarme en que todos, tarde o temprano, hemos de enfrentarlo. Comprender la muerte tiene un principal obstáculo, pues vemos la interrupción de la vida como un final trágico y triste, como un dolor terrible que a toda costa evitamos y no como parte del ciclo natural de la existencia.

El Salmo 116:15 (RV 60) nos confirma que las Escrituras muestran con insistencia que la partida de este mundo es algo significativo y no algo dramático: *"Estimada es a los ojos de Jehova la muerte de sus santos"*. Estos momentos de pérdida, Dios los toma en gran consideración. Moisés consideró la muerte de su querida hermana Miriam como algo digno de mencionar, así se ve en Números 20:1 (RV 60): ... *"Y acampó el pueblo en Cades, y allí murió María, y allí fue sepultada"*. El relato de las Escrituras en ocasiones incluye el funeral de alguien. Con eso nos podemos convencer de que Dios sí se conmueve ante nuestro escenario de dolor al incluir estos eventos en su Palabra.

Es cierto que la muerte es un enemigo, pues es una consecuencia del pecado, pero fue conquistada por el amor de Dios. Jesús se hizo carne como nosotros y peleó con la muerte. Aunque el daño es doloroso y muy real en nuestra vida, hay una nueva forma de definirla por la victoria de Cristo en el Calvario. El final de la muerte es un hecho que tiene fecha: Cuando Cristo regrese, la muerte será vencida (1 Corintios 15:54-55, RV 60). De eso se trata nuestra fe: en la cruz la muerte fue conquistada por Jesús. Para algunos supondrá un muro, pero para otros será la puerta para llegar al Cielo.

Aprendamos a mirar la muerte a través de los ojos de Dios. Cuando nuestros días aquí en la tierra terminen, no vamos a morir, nos despojaremos de nuestro cartucho exterior para reubicarnos en un mejor lugar mucho más glorioso. Recordemos siempre que, aun por el camino que todos tenemos que transitar, Dios ha cumplido cada una de sus promesas. Él ha estado presente y nunca ha fallado.

A la edad de 110 años, el personaje bíblico Josué murió y, antes de partir de este plano terrenal, dio al pueblo palabras de testimonio de que Dios había cumplido todo lo que dijo. Todos los hombres de la tierra viven y luego mueren, pero con todo Dios siempre mostrará su fidelidad.

"Por mi parte, yo estoy a punto de ir por el camino que todo mortal transita. Ustedes bien saben que ninguna de las buenas promesas del Señor su Dios ha dejado de cumplirse al pie de la letra. Todas se han hecho realidad, pues él no ha faltado a ninguna de ellas".
(Josué 23:14, NVI)

21

La Muerte No Es El Final

Elizabeth Kübler escribió en su libro: *"La muerte: un amanecer";* que la muerte física del hombre es idéntica al abandono del capullo de seda por la mariposa. Con esa observación, Kübler comparaba la crisálida y su larva con el cuerpo humano. Ella aseguraba que nuestro cuerpo es transitorio como una casa ocupada de modo provisional y que morir simplemente es mudarse a un hogar más bello.

Con la llegada del duelo, nuestros pensamientos pueden inundarnos con que esto es *"el fin"*. Nos cuesta pensar cómo vamos a poder continuar y anhelamos que ese angosto camino termine. Es cierto que anteriormente el proceso de la muerte parecía algo muy distante, pero tan pronto llega, se convierte en un de repente que asalta ferozmente nuestras vidas. Después de esto, tenemos una perspectiva diferente de lo que es la vida y de lo que es la muerte.

Tenga muy claro que el proceso de duelo no concluye por leer un libro o asistir a una conferencia, ni siquiera por hablar con un profesional o con un líder espiritual. Todo esto es muy útil y supone una gran ayuda, pero es evidente que el duelo es un proceso nada breve. Podemos salir de una fase y posteriormente recaer nuevamente en ella. En ocasiones damos vueltas sobre lo mismo, aterrorizados cuando estamos en soledad.

Desde un principio luchamos con la realidad. Podemos llegar a expresar que la muerte es como una barrera en medio de un camino o como una gran pared sin puerta de salida. Con esto en mente es fácil concluir que con la muerte llegó el fin. Pero, aunque parece difícil de entender o asimilar, pudiéramos imaginar que en ese difícil camino llega Dios, para trasladarnos a un mejor lugar, abriendo Él mismo una puerta a la Eternidad.

La muerte será el enemigo común de todos los seres humanos, con ella tenemos esa sensación de vacío que nos arropa con el hielo de la soledad recordándonos que la vida es frágil y finita. El principal objetivo de Jesús fue liberarnos de la esclavitud por el miedo a la muerte. Su objetivo se ve en Hebreos 2:15 (RV60) cuando dice: *"Y librar a todos los que por el temor de la muerte estaban durante toda la vida sujetos a servidumbre"*. A pesar de todas las emociones que estemos experimentando, pensando en el *"final"* de un ser querido, es importante entender que no fue su final, ni tampoco es tu final.

Atravesar el duelo por una pérdida abrupta resulta muy complejo. En mi caso particular, los pensamientos y emociones me atormentaban tratando de entender que este había sido el final de mi sobrino y, en cierta medida, también el de mi familia y el mío.

Constantemente, me preguntaba: ¿Y ahora cómo continuamos? ¿Y cómo me levanto de esta? ¿Cómo puedo seguir predicando? ¿Cómo otros me verán ahora ante esta situación tan trágica? Esto ahora es el final de mis planes y de mis sueños. Prefiero no continuar y dejar que el dolor domine todo mi mundo y mi entorno. Al fin y al cabo, la gente entenderá, porque con esto es difícil poder continuar.

Por eso era imprescindible que Él colocara en su lugar las piezas de mi rompecabezas. Entonces negocié nuevamente con Dios y le dije: *"No puedo pasar el proceso del duelo sola, necesito tu ayuda, y estoy segura de que voy a estar bien"*. Nuestras oraciones siempre provocan que el cielo se mueva a nuestro favor.

En medio de tu circunstancia, probablemente sin fuerzas y valor, débiles, asustados, desesperados y abrumados, tratando de encontrar respuestas, es tiempo de entender que nuestra fortaleza viene solo de Dios, sin ella no puedo sostenerme en el momento tan doloroso. Con Dios puedo seguir, me puedo levantar, puedo encontrar sosiego y tener esperanza.

Para Jesús la muerte no fue su final; solo fue la etapa decisiva en su sacrificio redentor, para dirigirnos hacia nuestro destino eterno. *"Así como está establecido que los seres humanos mueran una sola vez, y después venga el juicio"* (Hebreos 9:27, NVI). Nuestro amado Jesús, a través de su sacrificio en la cruz, nos prometió que heredaríamos vida eterna; recordar esto constantemente en nuestro proceso diario nos ayudará a entender profundamente que la muerte nunca será el final.

En Jesús, la muerte es un punto de transición hacia una esperanza eterna prometida por Dios. Reflexionar en este mensaje, basado en las Escrituras, ofrece consuelo y motivación para vivir con propósito y fe. Es un recordatorio de que, en Cristo, siempre hay una nueva oportunidad de redención divina. Te animo ahora, ¡vamos y comencemos de nuevo!

"Porque tanto amó Dios al mundo, que dio a su Hijo unigénito, para que todo el que cree en él no se pierda, sino que tenga vida eterna".
(Juan 3:16, NTV)

22

El Propósito De Dios

Decir que la vida puede cambiarnos en un instante es algo que seguramente has experimentado. Lo que ocurrió nos provoca un gran impacto físico, psicológico y sobre todo emocional, y esto provoca una cascada de consecuencias adversas a nivel personal, social y familiar. Recibir esa noticia y recordar el momento exacto de ella, nos acompañará por el resto de nuestra vida. En un abrir y cerrar de ojos se transformaron los días subsiguientes de nuestra existencia en un duro recuerdo.

Intentar buscar explicaciones, armar conjeturas, llegar a una conclusión convincente sobre los motivos, fueron parte de nuestros días a lo largo de mucho tiempo. Todas esas suposiciones que armamos en nuestras cabezas provocaron una intensa inestabilidad emocional que finalmente no nos condujo a ninguna parte. Mientras tratábamos de normalizar nuestras vidas, tuvimos que aprender a convivir con el dolor.

La Palabra de Dios nos expresa que Su propósito en la vida del hombre es establecer una relación personal y cercana con su creación. Lo vemos en Génesis 1:27 (RV60), donde dice: "*Y creó Dios al hombre a su imagen, a imagen de Dios lo creó; varón y hembra los creó*". Es evidente que podemos tener la capacidad de conocerlo, relacionándonos con Él en una comunión íntima y de amor.

Dios diseñó un plan perfecto para la humanidad, Se involucró activamente en la Creación para cumplir su propósito en nosotros, por eso podemos estar seguros de que no somos simples coincidencias en este mundo. Nuestro tiempo aquí en la tierra es producto de un propósito orquestado en el cielo, y cuando cumplimos con él, obtenemos dirección y significado.

El objetivo de Dios es poder glorificarse a sí mismo y que todos los hombres le puedan conocer. "*Ahora, pues, oh Jehová, Dios nuestro, sálvanos, te ruego, de su mano, para que sepan todos los reinos de la tierra que solo tú, Jehová, eres Dios*" (2 Reyes 19:19, RV60). Dios quiere bendecirnos, guiarnos y aun en los momentos más difíciles en los que, incluso, pudiéramos sentirnos abandonados o desorientados, Él siempre está junto a nosotros y conoce cada detalle de nuestra existencia, porque su bondad es constante.

Dios nunca dejará de amarnos y cuidarnos, su compasión se manifestará de diferentes maneras en nuestras vidas. Comprender esto en medio de nuestra situación es esencial, aunque haya sucesos que no entendamos, Él siempre tiene un plan en nosotros, Él todavía tiene el control y el timón de nuestra nave.

Mi querido lector, su amor mostrado por su gracia es inagotable, no tiene fin. Las pruebas que enfrentamos y que nos debilitan nos moldean y nos fortalecen porque es en nuestra debilidad donde Él más se manifiesta (2 Corintios 12:9, RV60). Entender ese propósito de Dios parece difícil, y asimilar la verdad de que *"sabemos que a los hijos de Dios todas las cosas colaboran para bien, aun en circunstancias difíciles"* (Romanos 8:28, RV60) no resulta nada sencillo.

¿Cómo entender que cuando se agota la capacidad nuestra de sufrir y tratar de comprender las razones de nuestras angustias, podemos encontrar alivio y sobre todo descanso? Por la fe tenemos el conocimiento de que muchas de las tragedias y dificultades de nuestra vida presente, aunque parezcan difíciles de pasar, obrarán para nuestro bien.

Aferrarme a la verdad de que Dios siempre será bueno, aun cuando no entienda sus caminos, podrá mantenerme firme, y mi confianza en Él siempre aumentará. Concluyo haciendo la siguiente pregunta: ¿Cuánto le amamos?

"Y sabemos que a los que aman a Dios, todas las cosas les ayudan a bien, esto es, a los que conforme a su propósito son llamados".
(Romanos 8:28, RV60)

23

Nos Reunirá El Señor Pronto

"*El fin del camino*", así rezaba el letrero que habían colocado en las proximidades de un cementerio. Con esa premisa confirmaban que aquel lugar fúnebre representaba nuestra última morada. Pero, ¿es así realmente? ¿Será realmente el fin, o más bien una transición a la real vida? Ante esa premisa, Jesús proporciona la respuesta y la enseñanza clave en cuanto a qué es la vida y qué es la muerte.

En el relato que la Biblia presenta acerca de la muerte de Lázaro, vemos una de las declaraciones más trascendentes en lo relativo a la muerte. Cuando Jesús llegó a Betania, su amigo Lázaro llevaba en el sepulcro cuatro días. Sus amigos y familiares estaban sumidos en un gran pesar y dolor, era evidente que había llegado el duelo. Cuando Marta y Jesús se ven, mantienen un breve diálogo que comienza con un reproche de esta al Maestro, por haber llegado demasiado tarde.

En respuesta: *"Jesús le dijo: Tu hermano resucitará"* (Juan 11:23, RV60). Ella conocía muy bien las creencias de la resurrección después de la muerte. Y aunque, en este caso, las palabras del Señor se referían a que Lázaro resucitaría en aquel momento, el mensaje de Jesús es también aplicable a todos los creyentes. En un sentido más profundo, la resurrección de que Jesús hablaba es una tras la que no volverá a llegar la muerte.

Enseguida, Jesús hace una declaración que se instaura como una de las más ilustres y conocidas que jamás se hayan pronunciado: Jesús le dijo a Marta; *"Yo soy la resurrección y la vida; el que cree en mí, aunque esté muerto, vivirá. Y todo aquel que vive y cree en mí, no morirá eternamente. ¿Crees esto?"* (Juan 11:25-26, RV60). Cristo formuló una sentencia de autoridad sobre la vida y la victoria sobre la muerte. Con absoluta certeza dijo ser la Resurrección.

Marta afirmó creer en la resurrección, sin embargo, en medio de la aflicción y pena que atravesaba no suponía suficiente consuelo, ya que esa creencia no apuntaba a un evento cercano, sino que se relacionaba con el día postrero, como la mayoría en esa época creían.

Vemos que Jesús le señala a Marta los medios para obtener la vida eterna y cómo tener la certeza de la resurrección, pero el verdadero secreto estaba en que debía creer en Él. Con esto le indica que no había que esperar por ese día futuro, aunque un creyente tenga que pasar por la muerte terrenal, seguirá viviendo la vida eterna en el plano espiritual y tenemos la garantía complementaria de la resurrección.

El ser humano vive con la convicción de que hay una vida más allá de la muerte. Disfrutar de esa vida, no depende de Dios, sino de nosotros que hayamos decidido bien antes de morir. Para el creyente, la muerte puede ser motivo de gozo, esperanza y transición a una vida mejor. No estamos destinados a estar en este mundo para siempre, Cristo promete una resurrección y esa es nuestra certeza de que hay una transformación de muerte a vida.

Pudiera ser que hayas vivido o estés viviendo un tiempo lóbrego y luctuoso, pero puedes confiar en que Jesús está a punto de cambiarlo todo, así como lo hizo con Lázaro. Hay un camino de esperanza que se basa en la fe depositada en sus promesas. Tendremos vida eterna y ya nunca más viviremos bajo la sombra de la muerte. Jesús venció a la muerte en la cruz del calvario, resucitando al tercer día. Esa victoria garantiza la resurrección a los creyentes, Él fue el primero en resucitar para nunca más morir.

¡Jesús vive! A pesar de nuestra tragedia personal, Él vive. Podemos estar profundamente heridos, llenos de tristeza y de dolor, pero por encima del dolor que pueda causar la pérdida, *"Jesús Vive"*. Cuando Cristo regrese, como lo prometió, nos dará la inmortalidad, todos seremos transformados para heredar el Reino de los cielos. Te animo a descubrir la realidad de esa hermosa esperanza. ¿Sabes?, nos reunirá el Señor pronto...

"He aquí, os digo un misterio: No todos dormiremos; pero todos seremos transformados, en un momento, en un abrir y cerrar de ojos, a la final trompeta; porque se tocará la trompeta, y los muertos serán resucitados incorruptibles, y nosotros seremos transformados".
(1 Corintios 15:51-52, RV60)

24

Lo Volveré A Ver

Es frecuente escuchar, tras el desgarro de una separación a causa de la muerte de un ser querido, la expresión: *"no llores, lo volverás a ver"*. Tal sugerencia no me parece pertinente, ni realista, ni tampoco respetuosa con el dolor de la persona enlutada. Para un padre o madre que perdieron a un hijo, tal consejo resulta muy difícil de asimilar, aun sabiendo y creyendo que tales palabras contienen la verdad.

Las verdaderas preguntas son: ¿Hay algo de malo en llorar? ¿Por qué lloramos? A la primera pregunta, respondería con un rotundo ¡No! ¡No hay nada malo en llorar! Lejos de eso, expresar nuestras emociones, aun en el llanto, es algo legítimo y absolutamente necesario. Llorar a alguien es una reacción normal como parte del proceso de pérdida. Con nuestras lágrimas, exteriorizamos el dolor que sentimos. En mi caso, lloraba a solas, en el auto, en el baño, de madrugada o en el almuerzo... pero lloraba.

En una ocasión, el rey David vivió una situación difícil en su vida a causa de que su hijo recién nacido había enfermado gravemente. Tan pronto conoció la noticia, entró en una profunda angustia y aflicción. Cuando nuestros familiares o amigos están enfermos, podemos y debemos orar por ellos, porque sabemos que la oración eficaz del justo puede mucho (Santiago 5:16, RV60). Mientras haya vida, sabemos que hay esperanza, y mientras permanece la esperanza hay lugar para creer en el efecto de la oración.

David ayunaba y pasaba las noches tirado en el suelo. Siete días transcurrieron en esa situación, al cabo de los cuales el niño murió. En la narración que la Biblia hace de los hechos, se detalla que los oficiales de David tenían miedo de darle la trágica noticia, presintiendo que el rey podía hacer cualquier locura al conocer el trágico desenlace. Pero David, al ver que sus oficiales hablaban entre ellos, se dio cuenta de lo que había pasado y preguntó:

- *"¿Ha muerto el niño?"* – con voz triste

- *"Sí, el niño ha muerto"* – respondieron (2 Samuel 12:19, RV60).

La reacción de David fue contraria a la que todos esperaban. La Biblia expresa: *Entonces David se levantó de la tierra, y se lavó, y se ungió, y cambió sus ropas, y entró a la casa de Jehová, y adoró. Después vino a su casa, y pidió, y le pusieron pan, y comió"* (2 Samuel 12:20, RV60) David aceptó la voluntad divina, y sin expresar enojo hacia Dios, lo reconoció como Señor en adoración. Los súbditos de David no entendieron la actitud del rey. Pienso que ellos esperaban que se sumergiría en una profunda aflicción.

Aun si pudiéramos emitir algún juicio, David tenía razón al expresar lo siguiente: *¿Podré yo hacerle volver? Yo voy a él, más él no volverá a mí.* (2 Samuel 12:23, RV60) Para David solo quedaba la esperanza, y sus palabras muestran mucho más que simple resignación; exhiben la fe de quien sabe que después de la muerte lo volvería a ver.

David dejó a un lado las muestras de dolor, suspendió su luto, se puso ropa limpia para presentarse delante del Señor y decidió adorar. ¡Qué difícil es adorar cuando llega el dolor y somos conscientes de que el desenlace no cambiará! Pero cuando adoramos, exaltamos la majestad de Dios.

"Yo iré adonde él está" (NTV) aseguró David. Todos nos encaminamos hacia el final del camino, como le expresé en el día anterior, pero además de eso vamos a la presencia del Señor, porque la puerta de salida de este mundo nos conecta con aquella que nos reunirá con el Señor. Era la seguridad que expresaba un padre, David, era la esperanza que lo mantenía de pie, era la fe que lo llenó de fortaleza.

Hay seguridad de salvación cuando creemos en Jesús, nuestro salvador; Dios muestra su gracia de maneras que desconocemos e incluso no entendemos. Aun en casos en los que la persona no vivió años con el Señor, es posible que los últimos segundos de vida sean suficientes para un encuentro con Jesús. El dolor por no tener la seguridad de ese reencuentro puede abatirnos, pero te invito a entregar esa preocupación a Jesús y no cargar con ese intolerable peso en tu vida.

Hoy cerramos la etapa del duelo que se conoce como *"negociación"*. Estoy segura de que en este trayecto has negociado algunas cosas contigo o con Dios y mi oración es que el fruto de ello sea una nueva fortaleza para seguir adelante.

Hoy, convencida como David, y esperanzada en la salvación que Dios nos ha dejado saber desde el día uno, puedo decir: *"Yo voy a donde él está, yo iré a reunirme con él, soy yo la que irá junto a él"*. Estoy segura, muy segura de que lo volveré a ver pronto.

"Y la esperanza no avergüenza; porque el amor de Dios ha sido derramado en nuestros corazones por el Espíritu Santo que nos fue dado". (Romanos 5:5, RV60)

Cuarta Etapa: La Depresión

Cuarta Etapa: La Depresión

Llorar hasta que me faltaron las lágrimas

"Porque los pastos del desierto reverdecerán..."
(Joel 2:22, RV60)

25

Atravesando La Tormenta

Todos hemos enfrentado el miedo en alguna ocasión. Se trata de una de las emociones básicas del ser humano. No es en sí una sensación mala, pues el temor puede resultar un elemento que nos disuada de asumir riesgos peligrosos, pero cuando se trata de un miedo que produce angustia y alcanza niveles paralizantes, entonces sí, resulta negativo. Determinadas tormentas que llegan en la vida, pueden convertirse en el escenario perfecto para que el miedo nos arrope. Todos atravesaremos tempestades de diversos tamaños, características e intensidades, y entonces nos hacemos la pregunta, ¿cómo hacemos frente a la tormenta?

Quiero relatarte una de las que llegó a mi vida; fue en el año 2017. En concreto, el 20 de septiembre de ese año. Mi querida isla, Puerto Rico, sufrió el embate del huracán María. Un huracán categoría cuatro, catalogado como uno catastrófico, donde todos los puertorriqueños vivimos horas de angustia e incertidumbre, por la sacudida de aquel fenómeno atmosférico que nos azotaba ferozmente con vientos destructivos y grandes cantidades de lluvia. Los estragos que la Isla del Cordero sufrió, fueron monumentales.

Recuerdo, que en ese tiempo yo estaba pasando un proceso de enfermedad en mis riñones, conocido como *"glomerulonefritis membranosa"*, a consecuencia de lo cual tuve fallo renal en etapa 2. Tras meses de incertidumbre y desasosiego, donde mi cuerpo sufrió enormemente, requerí estar en un tratamiento de pastillas de quimioterapia y cortisona por seis meses. Mi sistema inmunológico estaba seriamente comprometido, mis emociones estaban bien afectadas y durante el proceso de antes, durante y después del huracán lloraba.

Aquella combinación de factores me sumió en una depresión que trajo asociados graves ataques de ansiedad; tal situación la arrastré durante largo tiempo. Sobreviviendo a los estragos del huracán, llegó esta tormenta personal que eventualmente duró un año y tres meses. Pero durante el proceso tan difícil, Dios mostró siempre su fidelidad.

Pero ni el huracán María, con sus furiosos vientos e intensa lluvia, ni el proceso de enfermedad que viví en esa temporada tan difícil, se asemejan al proceso que viví cinco años después que he estado relatando aquí en detalles. Como parte del proceso del duelo, es muy normal que en algún momento se presente la etapa de la depresión. Se trata de algo muy difícil en cualquier temporada, pero la dificultad se incrementa cuando llega con motivo de una pérdida.

Una de sus características más sobresalientes es la profunda tristeza. En el marco del duelo, la depresión se define como la afección del alma, en donde la tristeza es la emoción que sentimos ante la pérdida o el dolor. En el duelo tenemos ese vacío y puede verse agravado por la falta de ánimo o interés, junto con otros sentimientos como la falta de motivación. Recorrer este tramo requiere tiempo, se puede considerar que es el momento más duro del camino, es desesperante, doloroso, aparece la soledad y nos damos cuenta de que ya nada se puede hacer.

En mi caso personal, con la llegada de esta etapa, el miedo me invadió. Sumergida en la depresión, el duelo entró a un nivel mucho más profundo y notablemente más complejo. Sentía que me ahogaba ante aquella horrible e intensa neblina y en ocasiones me abrumaban oscuros pensamientos y me preguntaba ¿Cómo voy a pasar al otro lado en esta tempestad? ¿Cuándo dejaré de sentir que las aguas me están ahogando? Al fin y al cabo, tenía que comprender que, ante todo esto, era necesario pasar por esta etapa tan dura de la depresión.

La Biblia, aunque no habla directamente de la depresión, la aborda con términos similares tales como abatimiento, desesperación o turbación. En muchos de los Salmos, especialmente los escritos por David, se habla acerca de la angustia, la aflicción, el miedo, la soledad y el llanto. El Salmo 143:4 (NVI) expresa: *"Ya no me queda aliento; dentro de mí siento paralizado el corazón"*. El salmista siente que no puede resistir más la angustia y soportar el dolor. Pero puedo asegurarte que cuanto más fuerte era la prueba o la tormenta de David, más profunda era su esperanza en Dios.

Aunque el dolor nos tenga postrados, el corazón esté desolado y nuestro espíritu angustiado, implorar con sentido de urgencia directamente a Dios será nuestra mejor opción. En los días angustiantes de dolor intenso y adversidad, debemos meditar en las obras que hizo Dios. Estemos con miedo, desanimados y aunque la crisis haya llegado a niveles que no podemos soportar, te aseguro que cruzaremos al otro lado con determinación.

La Biblia nos relata acerca de una feroz tempestad que se dio en el mar de Galilea y que vivieron los discípulos de Jesús. Esta fue muy violenta, las olas eran muy altas y la barca empezó a llenarse de agua. Hasta los experimentados pescadores que allí se encontraban temieron por su vida. Dice la Biblia que Jesús estaba en esa misma barca, pero que, sorprendentemente, dormía. *"Los discípulos lo despertaron: ¡Maestro! ¿No te importa que nos ahoguemos?, gritaron"*. (Marcos 4:38, NTV)

A veces pensamos que a Jesús no le importa nuestra tempestad, y que le da igual que perezcamos en ella, pero te aseguro que sí le importas. Nada le importa más que tu vida. Él no quiere que nos ahoguemos cuando las aguas han subido de nivel. Y aunque esta etapa parece una gran tempestad, hoy te aseguro que *Jesús puede y quiere calmarla*. Él estará con nosotros en la tempestad. Pronto el Maestro calmará los vientos.

"Y levantándose, reprendió al viento, y dijo al mar: Calla, enmudece. Y cesó el viento, y se hizo grande bonanza"
(Marcos 4:39, RV60)

26

El Valle De Lágrimas

A medida que nos enfrentamos a la adversidad, tenemos la posibilidad de decidir qué aprendemos de ella. Ante las tormentas de la vida, nosotros elegimos si hundirnos en el valle o, por el contrario, continuar con esfuerzo y ahínco, hasta llegar al otro lado. Como dijo Viktor Frankl: *"No podemos elegir lo que nos tocará enfrentar, pero sí podemos decidir con qué actitud vamos a enfrentarlo"*. En todo caso, cuanto más nos acerquemos a Dios, mayor será nuestro crecimiento espiritual.

A lo largo de nuestra vida las lágrimas han surcado nuestro rostro, el de todos, sin excepción, incontables veces. Si describimos la trayectoria que tenemos los creyentes en este mundo, pudiéramos concluir, con humildad y honestidad, que la vida es un valle de lágrimas lleno de muchas tribulaciones, pruebas, desafíos y aflicciones inevitables.

Las lágrimas, según su definición científica, son un líquido que se produce mediante un proceso corporal llamado lacrimación, cuyo objetivo es limpiar y lubricar los ojos. Existen diferentes tipos de lágrimas, entre ellas las que se originan por las emociones. Puede ser por sentirnos alegres, como también por sentirnos tristes. Estas lágrimas emocionales son un misterio para la ciencia, porque no se sabe en definitiva cuál es la razón por la que lloramos.

El mismo Job describió en medio del proceso de haber perdido todo que su rostro estaba enrojecido de tanto llorar y con profundas ojeras. *"He cosido la ropa de luto en mi piel; en el polvo tengo enterrada la frente. De tanto llorar tengo enrojecida la cara y profundas ojeras tengo en torno a los ojos"*. (Job 16:15-16, NVI)

En mi caso, las lágrimas fluían de manera constante durante mi época de depresión y requerí de procesos de terapias y asistencia psicológica. Esa ayuda fue brindada por la Dra. Griselly García, Psicóloga Clínica asignada por los Paramédicos del Alma. Cuando el dolor llega a nuestra puerta, el vacío y la tristeza son demasiados profundos.

No estaba segura de poder afrontar esa etapa; se me hacía imposible sentir alegría. Me encerraba a llorar para no ser vista, e incluso al hablar, aun en la iglesia, combinaba palabras con llanto. Sin embargo, agradezco profundamente la paciencia, el amor y la comprensión que mostró mi iglesia, admitiendo y aceptando que atravesaba por un proceso difícil. Luchar contra un dolor tan profundo resulta difícil, desgastante y agotador, pero en definitiva no es el final de nuestra historia, sino el inicio de una nueva esperanza.

En el Salmo 84:6 (RV60), el salmista menciona un valle, en algunas traducciones dice el valle de Baca, que significa *"el valle del llanto".* Este se encuentra localizado en el camino hacia Sion (Jerusalén). El camino era muy difícil, y el salmista quiso utilizarlo como símbolo para ilustrar el trayecto duro y doloroso que es en ocasiones la vida. Ese valle representa cualquier lugar difícil y doloroso en la vida, donde todo parece desesperado y te sientes impotente, como *"el pozo de la desesperación".*

Cuando los peregrinos emprendían el viaje hacia la Ciudad Santa para ir a adorar, necesariamente tenían que pasar por este lugar, pero algo maravilloso y reconfortante, es que el valle de Baca estaba lleno de árboles de bálsamo. Los caminantes estaban cansados y agotados, pero cuando llegaban a su destino comprobaban que el trayecto había valido la pena. El propósito de su viaje era llegar al templo, pero en realidad el salmista quería resaltar la capacidad que tenemos de depositar nuestras fuerzas en el Señor, y de la confianza plena que podemos tener en Él, en medio de cualquier adversidad.

Al parecer el camino era duro, los caminantes tenían que moverse con sumo cuidado, estableciendo medidas de seguridad ante los múltiples peligros que aparecían para los viajeros. Pero, ¿sabes?, en este caminar podemos estar seguros, y veremos a Dios en nuestro trayecto, y nos gozaremos en Él cuando lleguemos a nuestro destino celestial.

Estamos en el camino, el rigor de nuestro viaje hace inevitable que experimentemos vicisitudes, angustias y calamidades. El mismo requiere de fuerzas. *"Fuerzas, caminos y valles",* cuanto más reconozcamos nuestra incapacidad, impotencia y debilidad, más nos apropiaremos de Su fuerza. Nuestra fortaleza, refugio y seguridad están en Dios. Somos fuertes y capaces en Aquel que promete no abandonarnos cuando experimentemos problemas y dificultades.

Para los que confiamos en Él, en lo complejo del valle es donde más se manifiesta Su poder en nuestras vidas. Durante nuestro peregrinaje, Dios nos fortalecerá con sus bendiciones y recompensará nuestra fe y constancia. El Señor honra la confianza que depositamos en Él.

Puedes tener la seguridad de que, en el trayecto, por duro que sea, habrá también árboles de bálsamo, lo mismo que en *"el valle de lágrimas"*. Dios abrirá manantiales en la tierra seca. La lluvia cubrirá lo árido del terreno, convirtiéndolo en un lugar de fuentes de aguas. Todo esto representa la fidelidad de Dios para quienes pudieran estar transitando por el valle de Baca.

Pongamos nuestros pensamientos en sus caminos, Él promete llevarnos a un lugar seguro y lleno de paz. Adorando es cómo transformamos nuestras realidades adversas y cambiamos las lágrimas en fuentes.

"Bienaventurado el hombre que tiene en ti sus fuerzas, En cuyo corazón están tus caminos. Atravesando el valle de lágrimas lo cambian en fuente, Cuando la lluvia llena los estanques. Irán de poder en poder; Verán a Dios en Sion". (Salmo 84:5-7, RV60)

27

En El Desierto

Nuestro dolor camina con nosotros, con fidelidad imperturbable, cada uno de nuestros días. Nuestra lucha no es solo con el duelo, sino con los múltiples cambios que origina. Algunos días los notamos más que otros, y si intentásemos definirlo se nos haría difícil dar con las expresiones adecuadas para una justa descripción.

Reconocer la realidad de nuestro sufrimiento e identificar las piezas de mi historia para luego poder encontrar alivio, es esencial en el proceso de sanidad. David expresaba: *"Ten misericordia de mí, oh Jehová, porque estoy en angustia; se han consumido de tristeza mis ojos, mi alma también y mi cuerpo. Porque mi vida se va gastando de dolor y mis años de suspirar; se han agotado mis fuerzas a causa de mi iniquidad, y mis huesos se han consumido"* (Salmo 31:9-10, RV60).

Dios no pretende que seamos lo suficientemente fuertes para manejar solos nuestro dolor. Esto es más que una crisis emocional con su carga de ansiedad, culpa y depresión; el duelo conlleva agotamiento físico, mental y espiritual. En mi caso me resultaba extremadamente difícil comprender el impacto que tenía mi sufrimiento; le temía a mi dolor, no quería mirarlo y trataba de pasarlo desapercibido, pero al final reaparecía, porque siempre estuvo presente, aunque tratase de ocultarlo.

La conmoción de mi sufrimiento no fue debilidad, ni tampoco era pecado, este me había llevado a ver las cosas de una forma diferente. Es inevitable esconder mi rostro de Dios, pues el dolor incorpora la engañosa sensación de sentir a Dios lejos, como si no le importásemos... Pero luego concluyes que Él está atento. Las horas nocturnas parecen ser las más crueles y difíciles de nuestro proceso. La oscuridad de la noche magnifica los problemas, y nos provocan una crisis de identidad cuando nos hacemos la pregunta ¿Quién soy ahora? Es evidente que nuestro corazón está herido, sufrir la pérdida nos ha sacudido al punto de estremecernos.

El dolor no radica solo en la pérdida, sino en las duras sensaciones que vienen como consecuencia de ella. La forma como vivíamos nuestra vida antes, nuestras rutinas diarias, nuestra calidad de sueño, de descanso, de comer, trabajar, las celebraciones, eventos futuros. Si pudiera comparar el dolor, tal vez lo equipararía a estar atravesando el desierto, experimentando una sed mortal, y en completa soledad. ¡Todo se ve trastocado! ¡Nuestras vidas han cambiado!

El desierto es un área de tierra extremadamente seca. Un terreno yermo, despoblado, árido y desolado. La fauna y la flora, debido a la escasez de agua y al clima tórrido, no se desarrollan a plenitud. Quien lo atraviesa hace múltiples esfuerzos por sobrevivir y no desfallecer.

En la Biblia, las alusiones y menciones que vemos sobre él, son numerosas. Suele utilizarse como un símbolo de las temporadas difíciles que llegan a la vida, tales como la enfermedad, la soledad, la muerte de un ser querido, escasez y también como sequía espiritual. Sin embargo, el desierto también es utilizado en la Biblia como tierra de pastos, como lo vemos en Éxodo 3:1 (RV60); *"Apacentando Moisés las ovejas de Jetro, su suegro, sacerdote de Madián, llevó las ovejas a través del desierto, y llegó hasta Horeb, monte de Dios"*. Podemos interpretar este pasaje como que Moisés guió las ovejas hacia el área de pastos a través de la tierra seca. La palabra en hebreo en la Biblia es *"midbar"*, que en su origen significa conducir y apacentar el *"ganado"*.

Una región carente de agua, puede ser una región de pastoreo. El desierto bíblico cuenta además con una fauna y flora que es milagrosamente significativa. Puede haber desiertos cambiantes, sin que pierdan su afinidad. Los habitantes de Palestina estaban acostumbrados a ver sus desiertos cambiar sin que perdieran el título de desierto. Los autores bíblicos pudieron ver lo variado e intenso que representaba el desierto, llegando a ser, incluso, símbolo de esperanza. *"No teman, animales del campo, porque pronto los pastos del desierto recobrarán su verdor. Los árboles volverán a colmarse de fruto; las higueras y las vides se llenarán una vez más"* (Joel 2:22, NTV).

En una temporada del año, el desierto cambia, los arbustos reverdecen y los colores variados e intensos decoran la tierra que, en otro momento, estuvo muerta. Hay esplendor en aquel terreno rígido, reseco y poco acogedor. ¡Y no faltan las fuentes y pozos de agua! Jehová Dios proveyó agua al pueblo de Israel en sus 40 años de travesía por el desierto. Hay una promesa en Isaías de que Dios nuevamente los sacaría de Babilonia y no los abandonaría. Una promesa de seguridad para Israel, al igual que es una promesa de cuidado y protección para nosotros.

Cuando somos llevados al desierto, nos enamora, para que podamos amarlo aún en escenarios difíciles, incluso podemos escuchar su tierna voz. Así lo dice uno de los versículos más bellos de las Escrituras: "*Pero luego volveré a conquistarla. La llevaré al desierto y allí le hablaré tiernamente*" (Oseas 2:14, NTV).

Encontraremos ríos, fuentes, estanques y manantiales de agua, Dios también hará que crezcan árboles. Atravesar el desierto no es tarea fácil, resulta agotador, es solitario, pero te aseguro que no es un lugar de permanencia, sino que es un terreno de transición. Saldrás de allí, y verás que no te mató, sino que te hizo más fuerte. La fe nos ayudará a cruzar el desierto, aunque pareciera que no hay agua, pero hay abastecimiento suficiente para cruzarlo. Jehová nos oirá y no nos desamparará.

"Los afligidos y menesterosos buscan las aguas, y no las hay; seca está de sed su lengua; yo Jehová, los oiré, yo el Dios de Israel no los desampararé. En las alturas abriré ríos, y fuentes en medio de los valles; abriré en el desierto estanques de aguas, y manantiales de aguas en la tierra seca". (Isaías 41:17-18, RV60)

28

Aquí Estoy Con Mi Dolor

Probablemente, te hayas hecho alguna vez esta pregunta: ¿qué es realmente el dolor? Se trata de una palabra que concentra todos los pensamientos y sentimientos que experimentamos después de una pérdida, imprevisto negativo o cambio hacia una condición hostil e incómoda. También se utiliza esa expresión para referirse a una sensación molesta y lacerante, en alguna parte del cuerpo, causada por un motivo interno o externo.

En cualquiera de sus dos acepciones, el resultado es aflicción, sufrimiento, pena y desconsuelo. Estoy intentando darles una somera descripción del dolor, pero cuando lo atravesamos, sabemos que el dolor no se puede describir. ¿Cómo comprender la profunda tristeza que nos embarga? Esa sensación de estar cayendo al vacío sin detenerse; esas ganas de gritar y no callar, los deseos de correr y no parar, o el anhelo de solo estar tirada en el suelo, ahogada en llanto, llorando hasta que me faltaban las lágrimas.

Si Dios está conmigo, ¿Por qué tengo que experimentar este proceso tan difícil? ¿Seré capaz de enfrentar lo que atravieso, solo con la fe que tengo? Interrogantes así venían a mi mente y me derrumbaba en el suelo de mi sala a decirle a Dios: *aquí estoy con mi dolor.* Todos tenemos una forma única de duelo, y no hay manera correcta o adecuada de guardar el luto. Nuestras emociones están muy alteradas, especialmente sensibles, y está bien tener sentimientos de dolor y recordar a nuestro ser querido de una manera u otra.

¿Y cómo se siente el dolor? El dolor de cada persona se siente diferente. Podemos sentirnos enojados, confundidos, tristes, frustrados, deprimidos, abrumados, sin mencionar otras características adicionales como el miedo, la preocupación o el silencio. Todo ahora se siente diferente. Nos sentimos desesperanzados y no podemos imaginar que algún día nos sentiremos mejor. Nos envuelve la sensación de que ya siempre viviremos bajo el peso de la depresión.

Pero, para quienes atravesamos el duelo, es sumamente importante completarlo, por más doloroso que sea. Requiere tiempo, fuerzas y valentía. Aunque tratara de ignorarlo o de parecer indiferente ante este dolor y negar que está allí, mi herida no cicatrizará como debiera por solo no prestarle la atención que se amerita. Trabajar en el proceso de duelo es necesario para la reconstrucción de nuestro interior. En la Biblia, especialmente en algunos de los Salmos, los autores explican y casi gritan sus momentos difíciles y dolorosos. Ellos tuvieron esas preguntas críticas de la fe, relacionadas con las crisis fundamentales que todos atravesamos en algún momento de nuestras vidas.

Lo amplio de la dificultad, en definitiva, expone a grande escala, la profundidad que tiene la crisis y la amplitud que tiene el dolor en el ser humano. La súplica intensa que reflejan algunos de los salmistas pudiera llevarnos a concluir que el Señor abandonó a sus hijos; pareciera, incluso, que ignora nuestras oraciones y plegarias. Y surge la interrogante: ¿Mostrará nuevamente el Señor su fidelidad, bondad, amor y Su Gracia hacia su pueblo?

El Salmo 77 es de súplica colectiva, aunque lo pronuncia una persona que tiene un dolor muy intenso y una gran angustia. En su declamación manifiesta no entender lo que sucede, por eso emite un grito de petición de ayuda, lo abruma la complejidad del sufrimiento y las consecuencias adversas que trae la crisis. Clama con tanta intensidad, que sus ruegos y clamores no los puede limitar, es una plegaria constante, de noche no puede ni dormir, necesita superar el dolor que lo atormenta, pero no encuentra consuelo a su alma. Es evidente el dolor del salmista, y este se encuentra ensimismado en su problema, expresando lo que siente todo el pueblo. Así dice: *"Al Señor busqué en el día de mi angustia; Alzaba a él mis manos de noche, sin descanso; Mi alma rehusaba consuelo".* (Salmo 77:2, RV60)

En medio de aquel grande dolor estaba conmovido, hace memoria de su pasado y confiesa su crisis personal; se lamenta, no puede encontrar el sueño en las noches, no articula palabras, su espíritu desfallece y está sumamente quebrantado. ¡Qué pesadilla! ¡Qué dolor tan angustiante está atravesando sin encontrar sosiego a su agitada alma! Esto es tan parecido a nuestro proceso de dolor. Así lo describe: *"Me acordaba de Dios, y me conmovía; Me quejaba, y desmayaba mi espíritu".* (Salmo 77:3, RV60)

Hay más preguntas que respuestas precisas, sobre todo hay confusión. Pero me llama mucho la atención la actitud del salmista: su enfoque va cambiando, incluso su fe va en aumento a medida que expresa su pena, hasta colocar su intensidad y su enfoque en los hechos poderosos y hermosos de Dios hacia nosotros.

Me identifico con él en grande manera, porque su súplica le hace elevar su voz a Dios, del mismo modo en que yo elevé la mía. La intensidad de nuestra oración en ocasiones se puede expresar cuando subimos el volumen de la voz. Clamar a Dios, levantar mis manos, orar en las noches, llorar, tantas dudas, pero en medio de todo el torbellino de emociones decido recapitular en todo lo hermoso que Él hizo. Decido recordar los actos de Dios en el pasado, adorar, meditar en sus maravillas, en su fidelidad, en su amor y en su compasión.

Esa actitud produjo resultados en el salmista, *recordar* lo que Dios ha hecho nos da confianza. La decisión de esperar en Dios hará que nuestra fe, aun cuando estamos en el dolor, crezca y reafirmará nuestra relación personal con Dios. Aun en la adversidad me acordaré de Dios, haré memoria de sus bendiciones, hablaré sinceramente con Él, le expresaré cómo me siento, abriré mi corazón y tendré una nueva actitud de fe y confianza en Dios ante mi dolor. Atrévete a recordar cuán grandes cosas ha hecho Dios.

"Me acordaré de las obras de JAH; Sí, haré yo memoria de tus maravillas antiguas. Meditaré en todas tus obras, Y hablaré de tus hechos". (Salmo 77:11-12, RV60)

29

¿Por Qué Te Abates, Oh Alma Mía?

El sufrimiento es parte de la vida, y el dolor es resultado de esto. El apóstol Pablo tenía muy presente lo que conlleva sufrir; lo aprendió a través de experimentar duras circunstancias y difíciles pruebas por las que atravesó, Él era muy transparente y honesto cuando escribía en sus cartas detallando en ellas las luchas de la vida, pero en medio del relato de sus adversidades, era capaz de alentar a otros (2 Corintios 4:16-18, RV60).

Una de las promesas más maravillosas de Jesús es esa en la que afirma que el Espíritu Santo será nuestro *"Consolador"*. La palabra griega para *"Consolador"* es *"paráklētos"*, y significa, "uno que es llamado para estar al lado de otro". La implicación se basa en alguien que proporciona apoyo o ayuda de algún tipo. (Juan 14:16, RV60)

El duelo es una agonía que puede llegar a cualquier persona, no importando su edad, su nivel de madurez, ni la consistencia de su fe. Esta es la experiencia emocional más profunda que todos atravesaremos y nos tocará soportar. El duelo toma tiempo, y yo debo tomar mi tiempo oportuno y adecuado para enfrentarlo. Es un proceso que afecta significativamente a nuestras vidas, y si no entendemos lo que nos ocurre, es fácil que tomemos la iniciativa de aislarnos de amigos, familiares y hasta de la comunidad de fe que nos rodea.

La pérdida de amistades o de relaciones se añaden al dolor del sufrimiento, incrementando la angustia. Perdemos el sentido del tiempo y el simple hecho de mantenernos al día con la vida cotidiana supone un enorme desgaste de energía. En medio del duelo es fácil olvidar cosas, preguntar repetidamente detalles y sufrir una pérdida de memoria a corto plazo.

En mi caso, me tocaba pedir disculpas cuando me decían que ya me habían dado determinada información, pero yo no era capaz de recordarlo, y tenían que repetírmelo. Era frustrante, incluso vergonzoso. Luego comprendí que procesar la pérdida que nos sumió en el duelo requiere gran parte de nuestra capacidad cognitiva, y eso se traduce en despistes y olvidos. Nuestra memoria está más débil porque la mente se ocupa en procesar el dolor. Deberíamos repetirnos que eso no es permanente ni será prolongado, se trata de una complicación en nuestro proceso de duelo, pero por ello no debo dirigirme al aislamiento emocional ni mucho menos al social.

Un salmo que merece ser mencionado es el 42, en el que vemos al autor sufriendo una severa crisis emocional. Algunos estudiosos de la Biblia coinciden en que se trata del rey David huyendo de su hijo Absalón. En medio de su angustia, el salmista anhela tan intensamente la comunión con Dios que lo compara con lo que siente el ciervo cuando no puede encontrar agua. Ansía tanto recuperar la presencia del Dios vivo, que reconoce que está sediento de la verdadera fuente de agua viva. *"Como el ciervo brama por las corrientes de las aguas, Así clama por ti, oh Dios, el alma m ía"*. (Salmo 42:1, RV60)

A lo largo del salmo reconoce que las lágrimas eran su alimento de día y de noche; un claro síntoma e indicio de que estaba sumido en una depresión. Esto es una expresión de mucho dolor: empezar el día llorando y terminarlo de la misma forma, y es habitual en nuestro duelo.

El salmista estaba agobiado por el sufrimiento y por el dolor, entonces se habla a sí mismo, dialoga con su interior, reflexiona sobre lo que está atravesando y compara su situación presente con todas las experiencias de amor que en el pasado recibió de Dios. ¿Crees que deberíamos hacer lo mismo?

Viene a su mente lo que anteriormente vivió en la comunión del Señor. No importa cuán lejos lo sentía en ese momento, seguiría recordando las bondades de Dios. Al hablarse a sí mismo, reacciona y se compunge en su interior. Reconoce que su alma está abatida; eso significa que la persona está sin ánimo, decaída, y que tiene una profunda depresión de espíritu, en definitiva, se encuentra deprimida.

Está viviendo en dificultad y aflicción, lidiando con sentimientos de tristeza y llanto. Aunque afirma la misericordia de Dios, aún piensa que se olvidó de él. *"Diré a Dios: Roca mía, ¿por qué te has olvidado de mí?"* (v9). La depresión no se ha ido, el dolor se mantiene latente, la angustia continua, pero con todo el escenario y circunstancias vividas, tiene una afirmación de esperanza. Su Dios es como una roca. Con esto revela quién es su fortaleza, su firmeza y cuán estable es en la presencia de Dios. Al final del salmo reafirma su fe y él mismo se motiva a seguir confiando en el Señor y continuar alabándolo.

A veces somos procesados y llevados a temporadas intensas; pareciera que somos lanzados a una fuerte tormenta que nos sacude con ímpetu por todos lados, y nos deja sin fuerzas, indefensos y estropeados. Pero, aunque la sacudida me dejó llorando, mi corazón decide seguir alabándolo. Lo hermoso de esto es que Él tiene la capacidad de venir a mí, esa es mi oración al Dios quien me da la vida, así decía el salmista.

Cada día el Señor derrama su amor inagotable sobre nosotros y todas las noches nos entona sus cánticos. Él es el Dios de mi vida, en las noches habrá cántico de Dios para mí, El Señor viene de camino, lo voy a alabar mientras llega y pondré mi esperanza en Él.

"¿Por qué te abates, oh alma mía, y por qué te turbas dentro de mí? Espera en Dios; porque aún he de alabarle, salvación mía y Dios mío". (Salmo 42:5-8, RV60)

30

Una Cosa Me Falta

¡Qué difícil resulta soltar el dolor! Desprendernos de las sensaciones, pensamientos y cicatrices que nos causó es una tarea extremadamente compleja. Sin embargo, dejarlo ir es un paso esencial para recuperar el bienestar de nuestra vida.

Soy consciente de que es un concepto fácil de asimilar, pero muy difícil de aplicar a nuestra vida diaria. Cuando no queremos dejar ir, es porque nos negamos a soltar el pasado. Es importante entender que el pasado ya no existe y hay que soltarlo para amar el presente, de otro modo viviré recordándolo e ignorando lo que tengo de frente.

El apóstol Pablo dice en Filipenses 3:13 (NTV): "... *Olvido el pasado y fijo la mirada en lo que tengo por delante*". Soltar ese vínculo conlleva un desprendimiento: "*Aunque no comprendo el dolor de la pérdida, acepto que no puedo cambiar lo ocurrido*".

La pérdida origina un dolor emocional que parece insuperable. Aunque es intenso y real, no debo atesorarlo y aferrarme a él. Llevar una carga por mucho tiempo, causará molestias físicas y provocará dolores musculares que nos incapacitarán. Para evitarlo es imprescindible soltar el ayer y fijar la mirada en lo que tenemos de frente.

La Escritura muestra a un joven rico que fue a encontrarse con Jesús. Especifica el texto que corría, como presa de desesperación. Quería saber qué tenía que hacer para heredar la vida eterna. Realmente muchos de nosotros tenemos premura para ver al Maestro y hacerle muchas preguntas. Formular nuestras interrogantes directamente a Él, pudiera ser la única opción de soltar nuestros sentimientos de ira, culpa y dolor.

Pero al preguntar a Jesús, deberíamos tener algo en cuenta: ¿Estamos dispuestos a escuchar lo que Él quiere decirnos? ¿Pondremos atención a la opinión de Jesús acerca de Sus planes para nosotros? Si de verdad tenemos esa disposición, comprobaremos que lo que vamos a oír a menudo no coincidirá con lo que queremos escuchar.

Jesús le hace un *"quiz"* y primero le da la lista de los mandamientos que se relacionan con el hombre. El joven rico, seguro de sí mismo, le dice: "*Todo esto hago desde mi juventud*". (Marcos 10:20, RV 60) *"¿Qué más me falta?"* (énfasis personal). La Palabra indica que Jesús, mirándolo con mucho amor y compasión, le contesta: "*Una cosa te falta*" y esa expresión pone nervioso a cualquiera. Porque la respuesta de Jesús a esta interrogante va más allá de la mera obediencia externa a reglas o a leyes.

Es impresionante ver como El Maestro dirige la conversación a lo profundo y a lo personal: *"Anda, vende todo lo que tienes, y dalo a los pobres, y tendrás tesoro en el cielo"*. (Marcos 10:21, RV60) ¿Qué nos pide Dios? ¿Y qué debo hacer? Quería saber si Dios reinaba en todas las áreas de su vida. Si queremos que Él reine en nuestras vidas, debemos ir soltando una cosa a la vez. Jesús sabía lo que el joven rico amaba más y no quería soltar sus riquezas, y por eso enmudeció tras su consejo.

Estoy segura de que todos hemos juzgado a este joven, y hoy te pregunto: ¿Y qué de nuestros tesoros? ¿Y qué de entregar lo que Dios nos pide que entreguemos? En ocasiones acumulamos riquezas equivocadas, justificadas o no. Es interesante saber que Dios nunca pedirá algo que no podamos dar, pero hay algo que es necesario soltar y esa es: tu mayor riqueza.

En un capítulo del inicio relaté que el día que llegó mi esposo a notificarme la tragedia, yo estaba sentada, preparando el sermón que predicaría el siguiente domingo, 1 de mayo del 2022. El sermón se titulaba *"Solo te falta una cosa"*. Exactamente como se titula este capítulo que ahora lees, y también mi mensaje se basaba en la historia del joven rico.

Durante meses le cuestioné a Dios haber recibido la mala noticia mientras me estaba preparando para predicar Su Palabra. Meses después me tocó predicar nuevamente y, orando al Señor por dirección, me vino a la mente ese mensaje que dejé sin concluir. Fui sobre mis notas nuevamente y comencé a comprender que, aunque no pude predicarlo ese día, Dios me había preparado para entender que mi dolor no era mi mayor posesión.

Durante un tiempo atesoré mi dolor, y es habitual que ante la pérdida atesoremos el dolor como un niño con su juguete preferido. En realidad, estamos muy sensibles y no queremos darle prioridad a nada más, solo a lo que hemos perdido.

No sé cuánto tiempo ha pasado desde tu pérdida, ignoro si atesoraste el dolor, pero hoy quiero animarte a, así como yo hice, rendirte por completo a Dios. Él quiere sanarte, restaurarte y reconstruir los pedazos que quedaron esparcidos, pero para poder lograr nuestra sanidad, es imprescindible entregar.

Antes de predicar el mensaje que preparaba el día más difícil de mi vida, finalmente reconocí que a mí también *me faltaba una cosa:* entregar por completo mi dolor. Al hacerlo sentí que Dios comenzó a renovar, calmar, sanar y restaurar mi abatido corazón. Entrega tu dolor, este no es tu mayor posesión.

"Jehová de los ejércitos, Dichoso el hombre que en ti confía".
(Salmo 84:12, RV60)

31

De Amargo A Dulce

Según la Organización Mundial de la Salud, todos los días aparece al menos una nueva enfermedad o una variante de alguna ya conocida. Por ese motivo resulta prácticamente imposible saber cuántas enfermedades perviven en la actualidad. Para que te hagas una idea, solo de las nominadas *"enfermedades raras"*, cuya incidencia es poco frecuente, hay entre siete a ocho mil registradas, por lo que son incontables las que pueden catalogarse como frecuentes.

Pese a ello, la voluntad de Dios sigue siendo que disfrutemos de salud. Él quiere que estemos bien. Aunque vivimos en un mundo que no está alineado al plan inicial de Dios, su intención en el principio era de completa armonía, libre de culpa y de pecado. Lamentablemente, ese plan se rompió con la aparición del pecado; allí se inició el deterioro físico, mental y emocional del ser humano. Luego entró la maldad, la inestabilidad y la rebelión.◻◻

Pero, ¡qué bueno saber que en Dios persiste el propósito de sanar y restaurar! Dios quiere sanar todas las enfermedades físicas, mentales, emocionales y espirituales. Él no quiere dejarnos enfermos, no nos creó para que sufriéramos, ni para que fuéramos emocionalmente inestables, o para que divagáramos en aspectos mentales sin precedentes. Jesús vino para sanar a los que están emocionalmente heridos y quebrantados. Vino para sanar a las personas de sus rebeliones y pecados; para librarles de sus aflicciones físicas y para libertar a los cautivos.

La Biblia registra que Jesús realizó infinidad de milagros durante su ministerio: sanó a hombres, mujeres, jóvenes y niños por igual. El profeta anunció Su propósito, y Él mismo lo expresó: *"El Espíritu del Señor está sobre mí, Por cuanto me ha ungido para dar buenas nuevas a los pobres; me ha enviado a sanar a los quebrantados de corazón; a pregonar libertad a los cautivos, y vista a los ciegos; a poner en libertad a los oprimidos; a predicar el año agradable del Señor".* (Lucas 4:18-19, RV60)

En el capítulo 15 del libro del Éxodo, vemos que tras cruzar el Mar Rojo, el pueblo de Israel se enfrentó a su primer problema: la falta de agua. Llevaban tres días vagando por el desierto. El pueblo estaba cansado, débil por la falta de alimento apropiado y, por supuesto, por la falta del agua. Finalmente, llegaron a un estanque donde podrían abastecerse, pero al beber comprobaron que aquellas aguas eran amargas, es decir, nocivas para la salud. Por eso le pusieron el nombre de Mara (amargura) al lugar. Cuando los Israelitas probaron esas aguas, en vez de confiar en Dios, comenzaron a murmurar y a quejarse contra Moisés (Éxodo 15:24, RV60).

¿Qué hizo entonces Moisés? No ejecutó un esfuerzo humano como, por ejemplo, cavar un pozo. Dice la Biblia que clamó al Señor, y Dios le mostró un árbol. La palabra que nuestras Biblias traducen como *"árbol"*, es la expresión hebrea que significa *"madero"*, y pudiéramos inferir que simboliza a la cruz. Es al sagrado madero adonde acudimos para resolver nuestros problemas. Allí es donde Jesús murió para que pudiéramos encontrar sanidad.

Por medio de Moisés, Dios mostró una solución, y le ordenó que lanzara el árbol en el agua amarga. Cuando lo hizo, el agua se endulzó y Dios les dijo: *"Si oyeres atentamente la voz de Jehová tu Dios, e hicieres lo recto delante de sus ojos, y dieres oído a sus mandamientos, y guardares todos sus estatutos, ninguna enfermedad de las que envié a los egipcios te enviaré a ti; porque yo soy Jehová tu sanador"* (Éxodo 15:26, RV 60).

Dios está revelando su carácter al pueblo, y lo hace como su sanador, que en hebreo es *"Jehová Rapha"*. La palabra *"Rapha"* se utiliza unas sesenta veces en el Antiguo Testamento; su raíz primaria es remendar con puntadas, su raíz figurativa es arreglar o su significado es, *"para restaurar, sanar o curar física, emocional y espiritualmente"*.

¡Qué gran herida tenía mi alma! ¡Cuánto dolor causaba mi pérdida! ¡Cuán quebrantada estaba en medio del duelo! Un día, en medio de la angustia, le pregunté al Señor: *"Señor, ¿cómo puedo producir en el dolor?"* ¡Qué difícil es seguir adelante! Mi dolor sobrepasaba todo razonamiento y entendimiento. ¿Por qué continuar? ¿Tiene sentido seguir sin comprender el porqué de lo que ocurrió?

Sé que también tú te has hecho estas y otras preguntas. Lamentablemente, yo no tengo tus respuestas, de hecho aún no tengo ni las mías, pero comprendí, al leer este pasaje del libro del Éxodo, que la intención de Dios siempre ha sido sanarnos. La palabra *"Rapha"* viene del hebreo *"rofe"* que significa *"médico"*, y es la intención de Dios ser nuestro médico por excelencia. Él quiere traer bienestar y sanidad a todas las áreas de nuestra vida. Su poder se extiende a todo nuestro ser. Desea sanar también las enfermedades que afligen a nuestra alma. Es así porque la sanidad forma parte de Su naturaleza.

Hay cautividad, espíritu angustiado, enojo, ira, dolor, rebeldía, pero Él quiere sanarnos. Quiere aplacar la intensidad del dolor, de hecho, Él sabe cuánto duele. Lo pude comprender cuando cambió el sabor de mis aguas amargas por unas dulces y agradables al paladar. Si nuestras heridas son físicas, Él puede sanarlas; si son mentales, Él puede sanarlas. Si nuestras heridas son emocionales, Él también puede sanarlas. No te quiere enfermo, quiere sanar, restaurar y libertar tu vida, esa es la intención de Dios.

"No se amolden al mundo actual, sino sean transformados mediante la renovación de su mente. Así podrán comprobar cómo es la voluntad de Dios: buena, agradable y perfecta".
(Romanos 12:2, RV60)

32

Ponte En Pie

Hemos llegado al último día de esta etapa difícil y compleja etapa del duelo, la depresión. La etimología del término *"depresión"* proviene de *"prémere"* y este significa *"oprimir o apretar"* y se deriva del verbo latín *"deprimiere"* que tiene su relación con *"empujar hacia abajo"* o *"hundirse"*. Precisamente, son las mismas sensaciones que siente la persona pasando por depresión.

Recorrer este escabroso y desértico camino resulta abrumador y terrible. Cuando los síntomas de la depresión aparecen, invaden los pensamientos, las emociones y hasta el cuerpo, agotando a quienes los experimentan. Esta no hace distinción de estatus, ni de nivel religioso, simplemente, la depresión es una severa enfermedad que trae consigo sensación de incapacidad y una gran sensación de vacío y desesperanza.

Quienes vivimos esa experiencia podemos asegurar que la visión del futuro es rotundamente pesimista. A medida que nos hundamos en el proceso de la depresión, es imperativo buscar ayuda para recuperar la confianza en nosotros mismos y sobre todo la esperanza. Es imprescindible que nos ayuden a regresar a la rutina de la vida, a los intereses antes de la pérdida y liberarnos del recuerdo que nos ha esclavizado, de ese modo nos abrimos al presente y miraremos al futuro confiados en la ayuda absoluta de Dios.

No puedo levantarme con mis propias fuerzas, no soy capaz de hacerlo con mis habilidades. Un síntoma claro es sentir desinterés por todo a nuestro alrededor, pero puedo descubrir y valorar los recursos disponibles para ayudarme a pasar esta dificultad. No la debo rechazar, tampoco ignorar, la profunda tristeza no puede sumergirnos a lo profundo, porque cuando llega, la expresión de nuestro rostro es desconcertante. No podemos correr, es cierto que estamos cansados, pero hay que continuar, la depresión no puede permanecer. Por un tiempo quizás hemos disfrazado la existencia de la culpa con la depresión, pero es necesario perdonar y perdonarnos a nosotros mismos. Si perdonamos, nos liberamos.

En mi caso personal, los días transcurrieron y la mayor parte de mi etapa de depresión la pasé tirada en el piso y llorando en las noches, tal y como te mencioné anteriormente. Había altibajos emocionales, casi todos los pasé en solitario, las fechas especiales se trastocaron, lograr desahogarme, expresar mis emociones y tratar de hablar sin llorar, creaba momentos muy dolorosos.

También pensamientos repetitivos, recuerdos de momentos compartidos, la tristeza intensa y los síntomas físicos como no poder dormir y el constante silencio, me acompañaron por un tiempo. Pero era necesario enfrentar mi dolor, salir de la depresión y romper con todo aquello que me inducía al aislamiento. Luego de meses, era necesario retomar mi vida y poco a poco tenía que adaptarme a mi nueva situación. Ya necesitaba ponerme en pie.

En el capítulo 7 de Josué leemos que, en el marco de una batalla, los israelitas dieron un reporte indicando que los enemigos eran pocos. El ejército de Israel subestimó al enemigo y, en consecuencia, experimentaron una grave derrota, porque Jehová estaba enojado con ellos, pues incurrieron en el pecado de tomar como botín algo que ofendió severamente a Dios. En medio de esa situación, Josué, al enterarse, rasgó sus vestidos y, junto con los ancianos de Israel, se postró en tierra delante del Arca del Señor y echaron polvo sobre sus cabezas, en señal de duelo (Josué 7:6-7, RV60).

Josué estaba preocupado sobre lo que iban a decir sus enemigos, y le cuestionó a Dios: *"¿Qué harás tú a tu grande nombre?* (Josué 7:9b, RV60). Su soberanía debería hacerme aceptar que hay cosas que probablemente no entenderé, pero, aun así, yo lo seguiré amando. En ocasiones nuestra fe será debilitada, pero no nos olvidemos de todas las bendiciones y victorias que hemos obtenido gracias al Señor. Escuchaba yo decir a alguien que su matrimonio se desmoronaba: *"Dios me falló"*. Si piensas igual, quisiera decirte que Dios no te falló, tampoco a mí me falló. Al contrario, se hizo visible de una manera que no aprecié al principio... No me di cuenta de que estaba presente.

Regresando al episodio de Josué, el Señor le dijo tras aquella sonada derrota: *"Levántate, ¿por qué te postras así sobre tu rostro?"* (Josué 7:10, RV60). A pesar de cómo se sintiera Josué, Dios no lo necesitaba en el suelo. Josué se postró en tierra por la circunstancia difícil. Y quiero que sepas que tu fracaso, la pérdida, la aparente derrota, tu bancarrota, no se comparan con lo que Dios quiere hacer con nosotros. No se basa en lo que perdimos, sino en lo que Él quiere hacer.

No te aferres a la pérdida, ni al dolor, ni te quedes en el suelo. Afírmate sobre tus pies, levántate, ponte en pie. No hay desafíos de la vida que no logremos superar con la ayuda de Dios. El Espíritu Santo nos levantará y nos consolará. En medio de todo, Él será nuestra ayuda.

El profeta Ezequiel se encontraba cautivo en tierra lejana, sin esperanza y sin futuro, pero Dios se mostró a él (Ezequiel 2:1-2, RV60). De igual manera, Dios quiere manifestarse en medio de tu caos. Él no depende de la circunstancia, pues toda circunstancia está sujeta a Dios. Escucha Su voz. Él te habla con ternura y compasión. Te invita a ponerte en pie.

"Esa voz me dijo: «Hijo de hombre, ponte en pie, que voy a hablarte». Mientras me hablaba, el Espíritu entró en mí, hizo que me pusiera de pie y pude oír al que me hablaba".
(Ezequiel 2:1-2, RV60)

Quinta Etapa: La Aceptación

Quinta Etapa: La Aceptación

Aprender a vivir

Sanaré tu heridas...

(Jeremías 30:17, RV60)

33

Nuestro Viaje Continúa

Llegamos a la etapa final del duelo: la aceptación. Aunque conocer las etapas me ayudará a enfrentar lo que normalmente ocurre, entender el dolor y procesar la pérdida no resultará tan sencillo. Después de atravesar este camino tan doloroso, estoy convencida de que aún no estamos preparados para la muerte y todo lo que esto implica. Nos ha cambiado la vida y no somos los mismos, pero confío en que Dios puede redimirnos.

El duelo es mucho más que un proceso emocional acompañado por su depresión, culpa y las múltiples sensaciones que la pérdida provoca. Estoy luchando conmigo misma, con mantenerme de pie, con pedazos rotos y tratando de continuar adelante con mi estilo de vida. Me pregunto: ¿y ahora qué dirán de mí? Sé que me observan, pero ¿cómo puedo dejarles saber que, aun en el proceso difícil, seguiré sirviendo al Señor? Sin entender, pero *"debo seguir"*, me ha cambiado el proceso, pero *"debo continuar"*.

Me preguntaba: ¿Qué ha cambiado en mí y qué permanece igual? La respuesta a la primera pregunta era clara: soy diferente porque nunca antes había experimentado un dolor tan profundo en el alma como el que sentía en ese momento. Entender el impacto de mi sufrimiento fue más que un proceso espiritual. Pude reconocer las distintas formas en que mi pérdida me afectaba, pero continué confiando en Dios mientras Él traía consuelo y esperanza en medio de mi dolor. Respecto a lo que permanece igual, puedo decir que es mi fe: creer en Jesús, mi determinación de servirle y mi amor inquebrantable por Dios.

Aceptar la pérdida es la clave para restablecer nuestra vida, vivir la rueda del dolor no traerá beneficio, ni cambio alguno. Comenzar a reconstruir mi vida con la ayuda de Dios es el comienzo de algo bueno. Casi fue un colapso total, no tenía idea de lo que era el dolor hasta que lo viví. Pensaba que se podía describir el lamento, pero no necesitaba describirlo. Era un proceso a mi entender sin mayor explicación.

La muerte entró al mundo debido al pecado, pero esta dejará de ser parte del conflicto humano cuando el pecado sea derrotado. Por eso tengo una promesa con Su resurrección: Jesús, el que vive, sigue ejerciendo su poder y su autoridad sobre la muerte.

Nuestro viaje continúa, vivimos en un mundo temporal, estamos en el mundo, pero nuestra habitación final es el Cielo. No fuimos concebidos para que nuestro destino perenne sea este mundo. Nuestros días en la tierra algún día van a concluir, pero nuestro viaje se trata de algo más que nuestra morada final.

Llorar por lo doloroso del proceso, pero recibir el consuelo de Dios, me hizo entender que realmente Él quiere que supere mi pérdida, e incluso mostrar Su Gracia a través de ella. Debía cerrar mi proceso de duelo, pero realmente se nos hace difícil decir adiós.

En mis terapias con mi psicóloga, ella me dirigió a redactar una carta de despedida, era necesario comenzar a hacer la transición. No pude hacerla con mi puño y letra, pues me faltaba la valentía, pero era necesario poder completarla. Entonces comencé a dictarle lo que quería decirle a Yaniel, mi sobrino. Era una carta extraña, difícil, abrumadora, jamás planeé escribir algo semejante. Las lágrimas cubrieron mi rostro, y me resultaba muy difícil articular las palabras para que se pudieran transcribir, pero ahí estaba mi carta de despedida. *"Aprender a vivir sin ti, qué difícil es, te extraño"*, fueron algunas de las palabras que dicté.

Es importante atesorar los momentos hermosos vividos, pero también recomponernos para reorganizar nuestra vida. Llorar un río, si es necesario, pero después construir un puente para avanzar. No me quedé estancada, decidí seguir adelante. Admito que en un momento cuestioné a Dios; estuve enojada con Él por un tiempo breve. Sin embargo, no me quedé atrapada en el pasado ni ignoré el presente. Con paso firme, me levanté y dejé atrás el valle de la duda.

Es tiempo de soltar, decir adiós y ser libre para seguir adelante. No tengas miedo de hacerlo, es menester aprender a vivir nuevamente. Dios ha prometido estar con nosotros, secó nuestras lágrimas, nos abrazará fuerte y estoy segura de que llenará ese vacío. Dolerá por un tiempo... Y es que la ausencia duele, pero pronto las cosas serán restauradas cuando estemos en la nueva creación.

El salmista David en el Salmo 13 está pidiendo ayuda en su aflicción. En su desesperación le pregunta a Dios: *¿Hasta cuándo, Jehová? ¿Me olvidarás para siempre? ¿Hasta cuándo esconderás tu rostro de mí?*

Es algo humano querer poner plazo a las cosas. Queremos saber cuánto tiempo tomará o cuándo terminará. Date permiso para continuar sin dejar de llorar. No hay un límite para experimentar el duelo, pero debo comprender que la intención de Dios es sanarnos y darnos la fuerza para continuar por el camino que nos ha trazado en nuestro viaje por la vida.

"Sigan por el camino que el Señor su Dios ha trazado para que vivan, prosperen y disfruten de larga vida en la tierra que van a poseer".
(Deuteronomio 5:33, NVI)

34

Restaurada Por Dios

El proceso de restauración, sea cual fuere el área afectada, suele antojarse difícil. El significado del término *"restaurar"* apunta a *"restablecer la condición original de algo que está severamente dañado"*.

¿Has escuchado sobre la técnica del *"kintsugi"*? Es un arte originario del Japón, que se utiliza para restaurar artículos de porcelana quebrados. El significado del término *"kintsugi"* es *"reparar con oro"*. Por ejemplo, una taza rota en pedazos puede ser rescatada y reconstruida. Aunque lo habitual sería desecharla, el *"kintsugi"* transforma este proceso en algo único, haciendo que la pieza reconstruida tenga un valor aún mayor que antes. La restauración requiere materiales específicos y tiempo. Los ingredientes se mezclan, se aplican y se espera pacientemente el resultado final. Al concluir, cada cicatriz restaurada se convierte en un detalle valioso y significativo.

El duelo, por ser una grande y repentina conmoción, nos desmorona cuando llega y como mencione anteriormente, entramos en un tiempo donde nada nos hace ya sentido. Nuestro mundo se nos derrumbó y nuestro interior está quebrantado. Por eso, volver a nuestro estado original podría ser complicado y puede llegar a ser una batalla de grandes proporciones. Seguir viviendo mientras convivimos con los recuerdos, es la parte más dura que nos pone de frente con el dolor.

Recomponer las piezas de nuestro interior que en el duelo se fragmentaron, es un trabajo que le concierne a Dios. Esto nos rompe, y es sabido que hay un proceso de cambio, estamos devastados, iniciamos este recorrido con un dolor muy intenso y sin consuelo, y concluye con tener que adaptarnos a la vida, sin la compañía de nuestro ser amado. Dios quiere restaurar y poner en orden las cosas. La recuperación sin el olvido es posible; es necesario *aprender a vivir* el presente, pero conviviendo con el recuerdo.

Estamos en las mejores manos: las del perfecto artífice y restaurador. En algún punto del camino debo decidir si continuo en el duelo o no. Si le autorizo, Dios está dispuesto a concluir el proceso con nosotros y restablecernos. Parte de la obra de Dios es restaurar a las personas y a las familias que fueron heridas. Es su intención cambiar nuestro estado a uno pleno y diferente. Lo que atravesamos en medio de la angustia originada por la muerte es temporal. Algún día todo esto pasará y no formará parte de la restauración realizada por Dios sobre la creación.

En Jeremías 30:17 (RV60), Dios expresa: *"Más yo haré venir sanidad para ti, y sanaré tus heridas, dice Jehová"*. También en la historia de Job vemos que cuando hubo orado por sus amigos, sus bienes fueron restituidos por el Señor, incluso le dio el doble de lo que tenía. Job vio restaurada, no solo su relación con sus amigos al interceder por ellos, sino que Dios restituyó también sus bienes materiales.

No te quedes observando lo que está en ruinas, si no recuerda regularmente cuán grande es el amor de Dios hacia ti, y que Él quiere y tiene el poder para reparar aquello que ha sido severamente dañado. Él muestra Su naturaleza de amor y de misericordia, porque tiene el poder de transformar, y tiene un plan para darnos una vida llena de paz y de gozo ante todo lo perdido y lo que está destrozado.

Él quiere que entreguemos todo nuestro dolor para poder comenzar un proceso perfecto de restauración. El golpe no llegó para detenernos, sino para cambiarnos. Vivimos experiencias y emociones que jamás habíamos experimentado, pero, aunque haya incertidumbre, Dios nos tiene en la palma de Su mano.

Él sigue ordenando nuestros pasos, sigue obrando en un segundo plano. La sacudida fue la que me hizo mirar a Dios fijamente, fue la que propició que tuviera encuentros con Él. Aunque me tiró al suelo, no fue para detenerme, pasó de una gran aflicción a un gran gozo en el Señor. El enemigo creyó haberme detenido, cuando en realidad me estaba impulsando a seguir creyendo en Dios. Ahora soy una mujer, *restaurada por Dios*.

Somos llamados a la gloria eterna en Cristo, hay una realidad en el sufrimiento, pero en un poco de tiempo, las pruebas y tribulaciones que atravesamos en esta vida serán solo temporales, tienen fecha de caducidad.

Dios se implica en nuestros tiempos difíciles. Nos hará *"fuertes, firmes y estables"*, habrá fuerza interior, resiliencia, aliento y esperanza. Dios mismo nos restaurará, su restauración es segura porque sus promesas siempre serán verdaderas.

"Luego de que ustedes hayan sufrido un poco de tiempo, Dios mismo, el Dios de toda gracia que los llamó a su gloria eterna en Cristo, los restaurará y los hará fuertes, firmes y estables".
(1 Pedro 5:10, NVI)

35

Jesús Llena Todos Los Espacios

Una de las mejores descripciones que pueden hacerse acerca del duelo es: *"sentir un inmenso vacío"*. Es lo que se siente y resulta lógico y real, pues hay un elemento físico que se perdió, y también anclaje emocional que se cortó. Con la pérdida se provocó un vacío en nuestro interior, y puede parecer de tal tamaño, que lo ocupe todo. Nos aferramos a este vacío doloroso de la realidad, y nos sentimos perdidos frente a la vida. Esto no es solo un duelo, sino un enorme hueco en el alma.

Es legítimo y aceptable sentir el dolor del vacío, pero hay que trabajar sin prisa, pero sin pausa en esa aceptación. De ese modo comenzará a cerrar el hueco que abrió la ausencia de nuestro ser amado. Siempre será doloroso, incluso nos sentiremos incapaces de superarlo; el duelo es un angosto camino que se recorre despacio y que carece de atajos. Con esto vivimos para siempre, pero mi determinación me ayudará a sentirme cada vez mejor.

Determinadas tareas serán de gran ayuda para superar el proceso. Ya les conté acerca de la carta para mi sobrino que le dicté a mi psicóloga, y es que una de las tareas recomendada por los profesionales es escribir una carta de despedida. En ella puedes expresar todo tu amor, y la escritura será terapéutica, ayudándote a sanar el dolor. Recuerda los bellos momentos, no cuestiones su ausencia, más bien agradece por el tiempo de su existencia y celebra su vida.

Mientras avanzaba en la restauración, el consejo de mi terapeuta fue que hiciera una lista de lo que debía delegar en otros y soltar aquellas cosas con las que no debía continuar.

- *"A la vez que sueltas lo que no debes llevar"* - me dijo - *"busca algo nuevo en lo que ocupar tu mente".*

Tras reflexionar un poco, le dije:

- *"No sé hacer manualidades, ni tampoco sé dibujar, ni pintar, ni crear, a mí no me dieron esas habilidades y talentos".*

- *"Ora"* – señaló – *"... que Dios te dirigirá hacia lo nuevo".*

Así fue, lo nuevo llegó de esta manera: me encontré con una publicación en las redes sociales, de un pastor y escritor que ofrecía un curso de oratoria. En el primer momento, no lo capté como algo que pudiera envolverme, pero la segunda vez que lo vi anunciado, sentí algo en mi interior que me decía: *"esto es lo nuevo".* Dios tenía un plan trazado con esto, así que me embarqué en la aventura, sin saber que vendría a lo largo del camino.

Formé parte de un grupo pequeño que tomaban unas excelentes clases de cómo hablar en público, mejorando mi oratoria y mi dicción. Tenía tareas que hacer, debía grabarme, enviarle lo grabado y ser evaluada. Completé en tres meses el primer módulo, luego me matriculé en el segundo y, concluido el curso de oratoria, me inscribí en el de escritura creativa, que desembocó en la increíble aventura de escribir este libro que ahora lees.

Sin planearlo y sin buscarlo, el instrumento que Dios utilizó para ayudarme en parte de mi restauración con sus palabras, consejos y mentoría es la misma persona que editó cada línea del libro que hoy sostienes en tus manos. Dios nos lleva a conexiones divinas sin buscarlas, con el objetivo de que podamos avanzar en Su voluntad y hacia el perfecto plan que tiene para nosotros. A un año de comenzar lo nuevo y yo sin imaginarlo, emprendía a escribir este devocional, ¡Gracias, pastor José Luis Navajo, por dirigirme en este camino!

Te animo a buscar esas estrategias orientadas para hacer cosas nuevas que te ayudarán a llenar tu mente y ocupar tu tiempo. No significa que no puedas hacerlo, sino que es necesario que lo intentes. No temas, no creas que está mal de tu parte, pero así lo superarás, céntrate en lo bueno de lo nuevo y sigue adelante. Vendrán momentos de angustia y de tristeza, es probable que aun en este punto no podrás hablar sin llorar, pero poco a poco lo vamos a lograr. Vamos aprendiendo a convivir con la ausencia, cogemos aire cuando las olas nos sumerjan inesperadamente en las emociones y las corrientes nos arrastren; pero saldremos de nuevo a la superficie.

Descansa, llora cuando sea necesario. Camina por un parque, comparte con amigos, pasa tiempo con los tuyos, lee algo que te interese, concéntrate en alguna actividad y ayuda a otros. Habla de cómo te sientes, cuida lo que comes. Empieza algo nuevo, no tiene que ser un libro, pero puedes preparar algo que te distraiga y te ocupe.

En Efesios 4:10 (RV60), Pablo quiso destacar el objetivo final de lo que Cristo realizó. La plenitud de Jesús, que se presenta como Libertador y Mediador, puede llenar el universo entero y gobernarlo porque todo está sujeto a Él. Aferrémonos a eso, cuando el vacío se apodera de nuestro interior y nuestras emociones están demasiado alteradas, Jesús llena todo el espacio vacío. La sangre de Cristo ciertamente cubre todo, y todo lo transforma y lo cambia. Jesús puede llenar el vacío que provoca el dolor y que se apodera de nuestra alma. Él puede llenarlo todo.

"El que descendió, es el mismo que también subió por encima de todos los cielos para llenarlo todo". (Efesios 4:10, RV60)

36

Cambio de Perspectiva

¿Por qué sufren los justos? ¿Por qué a la gente buena le ocurren cosas malas? Estas son preguntas que en nuestro proceso debemos considerar. Cuando las preguntas superan a las respuestas, es necesaria una perspectiva de Dios renovada. Ver a Dios tal como Él es, aunque no comprendamos lo que hace es esencial para seguir confiando en Su majestad.

Volvamos por un momento a la historia de Job. ¿No resulta inevitable preguntarse por qué Dios no lo ayudó? Job, siendo un hombre íntegro, enfrentó una avalancha de tragedias que estaban completamente fuera de su control. Sin embargo, es crucial recordar que Dios nunca pierde el control, ni siquiera en las pruebas más difíciles y aparentemente adversas. En medio de su duelo, Job necesitó adoptar una nueva perspectiva: ver las cosas desde el punto de vista de Dios. Tuvo que desviar su mirada de las circunstancias que lo rodeaban para poder avanzar.

Job experimentó cada etapa del duelo: negación, ira, depresión e incluso intentó negociar con Dios. Sin embargo, mientras permanezcamos anclados en el abismo, nuestra visión será limitada, y podríamos perder el valioso principio de que, al igual que con Job, Dios desea revelarse a nosotros, incluso en medio del dolor. Es esencial reconocer que Dios está presente y siempre lo ha estado. En este punto entendí que Su fidelidad trasciende mi capacidad de comprensión, y eso fue suficiente para sostenerme en mi crisis. Me pregunté: *"¿De dónde viene mi fuerza?"* Mi fuerza proviene de mi fe; Su gracia me alcanzó, y Él permanece presente, incluso en los procesos más difíciles.

Durante el principio de su proceso, Job mantuvo los ojos puestos en sí mismo y en su aflicción; posiblemente sea lo que muchos hacemos en este duro proceso del duelo. Hemos desviado la mirada, enfocándonos en el dolor, y eso nos hace permanecer en el valle de sombra. Hoy te invito a adoptar una nueva perspectiva. Job, aunque anhelaba las respuestas a sus preguntas, no necesitaba de más explicaciones; le hacía falta una verdadera revelación. Era menester que pudiera ver la magnificencia de Dios; para reconocer Su soberanía debemos humillarnos y pedirle que nos pueda enseñar aquello que aún no comprendemos.

De repente... De forma inesperada, Dios se revela en medio de un torbellino, y desde allí le habla. En esta repentina aparición son solo Dios y Job: *"Entonces respondió Jehová a Job desde un torbellino"* (Job 38:1, RV60). Parecía que en ese instante los amigos no eran parte de la conversación. Y es que el trato de Dios es personal siempre, de tú a tú, sin intermediarios.

La palabra torbellino proviene de una expresión hebrea que significa *"tormenta"* o *"tempestad"*. Se relaciona también a la *"abundancia de cosas que ocurren a un mismo tiempo"*. Es evidente que Dios no le está hablando a Job en un susurro, sino de una manera majestuosa que, evidentemente, captó por completo la atención de Job. Ante esta demostración, Job comprende que debe guardar silencio. Con sus argumentos y discusiones con sus amigos ya dijo suficiente. Se cubre la boca y deja de perseguir a Dios con sus insistentes preguntas (40:3–5).

Job había solicitado una audiencia con Dios porque quería explicaciones sobre el motivo de su aflicción. Pero al encontrarse frente a Dios, enmudece; ante Su majestad quedan resueltas todas sus dudas. ¿Cuál pudiera ser esa respuesta que satisface todas sus dudas? Dios no le da explicaciones, pero Job ha visto la grandeza de Dios. Eso fue suficiente. Al contemplar la gloria de Dios ya no es necesario ver nada más. Job ya no miró su perdida, sino que vio a Dios en ella. Ahora confía más en Dios por haber visto la manifestación de su grandeza. Disfrutó viendo al Creador que decidió encontrarse con él en aquella vorágine de adversidades; ahora entiende lo que Dios le quería enseñar, y comienza a ver su proceso de manera diferente.

Durante mi duelo escudriñé con detenimiento la historia de Job, y quedé perpleja al comprender que Dios vino a encontrarse conmigo en medio de mi torbellino, en el dolor y en la aflicción. Eso hizo que mi visión y perspectiva de lo que había atravesado cambiasen totalmente, y comencé a ver cómo Dios se había revelado.

Hoy le agradezco que nunca me dejó, que siempre me consoló y que desde el día uno me ayudó. Podemos tener la certeza y la seguridad de que Dios está cerca de nosotros y podemos confiar en Él. No nos creó para abandonarnos en este mundo. No importan las tribulaciones, tristezas o aflicciones que enfrentemos, Él permanece fiel.

"Entonces Job respondió al Señor: No soy nada, ¿cómo podría yo encontrar las respuestas? Me taparé la boca con la mano. Ya hablé demasiado; No tengo nada más que decir".
(Job 40:3-5, NTV)

37

Alégrense En La Esperanza

La esperanza de cuantos creemos en Cristo y le amamos nos ayuda a seguir adelante a través del dolor. Hay una promesa que nos llena de esperanza, pues garantiza que en la eternidad *"no habrá muerte, ni habrá más llanto, ni clamor, ni dolor"* (Apocalipsis 21:4, RV60). Con esto, Dios mismo promete que enjugará toda lágrima de nuestros ojos. (Apocalipsis 7:17, RV60)

La esperanza y la tristeza pueden coexistir, vivimos *"en la esperanza de la vida eterna, la cual Dios, que no miente, prometió desde antes del principio de los siglos".* (Tito 1:2, RV60) No podemos negar la realidad de la pérdida que hemos experimentado ni el sufrimiento que nos afecta. Sin embargo, a pesar de lo vivido, la amargura quedará atrás y dará lugar a la perfecta bondad de Dios. En Su presencia, disfrutaremos del gozo eterno para siempre. El Salmo 16:11 (RV60) así lo expresa: *"Me mostrarás la senda de la vida; en tu presencia hay plenitud de gozo; delicias a tu diestra para siempre".*

Te aseguro que en el dolor de la pérdida podemos recuperar la esperanza. Bien, es cierto que son inevitables las aparentes recaídas, días buenos y otros no tan buenos. Salimos de una etapa y fácilmente caemos de nuevo en ella, como si diéramos vueltas, girando en círculos. Pero permítete abrigar la esperanza que Jesús ofrece a nuestras vidas, aunque sientas que se ha ido y todo parece dominarlo la desesperanza.

Me gustaría relatarte el testimonio que en el día 5 de este devocionario prometí contar. Transcurrido un mes de la partida de mi sobrino, mi papá acudió al oficio fúnebre de una familia que también vivió una pérdida trágica de cuatro de sus miembros. Allí se encontraba un reconocido cantante cristiano de Puerto Rico. Me relató mi padre que, cuando este siervo del Señor terminó de cantar, se acercó a él y, pese a no conocerlo, le dijo estas palabras: *"Por sus oraciones en sus últimos segundos, Él mostró Su gracia"*.

Nunca mi padre había hablado con él, ninguno de los que estaban allí se lo presentaron, ni le dijeron el desenlace que como familia habíamos sufrido. Es cierto que mi sobrino se había alejado del Señor y eso nos causaba angustia, pero en ocasiones la misericordia de Dios se muestra de formas que usted y yo nunca entenderemos. A través de aquel cantante cristiano, Dios nos confirmaba una vez más que en el último segundo mi sobrino fue arrebatado de una muerte segura a una vida eterna en Cristo. Dos días después de la muerte, mi papá, orando temprano en la mañana, sintió que Dios le decía que, en el último segundo, había mostrado Su gracia y se lo había arrebatado de las manos del enemigo. Así también se lo dejo ver al pastor de la iglesia que mi hermano y mi cuñada asistían.

Hoy mi familia vive con la esperanza de verle nuevamente. Hay circunstancias de muerte que podrían parecer sin salvación, pero recordemos que Dios mostró Su gracia al ladrón en la cruz, aun cuando no la merecía. La gracia de Dios es ilimitada, capaz de salvar incluso al peor de los pecadores. Tal vez hubo una madre que oró por años sin saber que su hijo, un temido ladrón, recibió salvación. Hay muchas cosas que permanecerán desconocidas para nosotros hasta que nos encontremos en el cielo. *"Entonces Jesús le dijo: De cierto te digo que hoy estarás conmigo en el paraíso".* (Lucas 23:43, RV60) Cabe destacar que Jesús le dio acceso inmediato a la eternidad en el Paraíso.

Tal vez ahora estés intentando huir, y eso no está mal; es natural querer escapar del dolor. Lo que no es correcto es buscar atajos que solo traerán más sufrimiento. El dolor puede llevarnos a pensar que la muerte es una salida, pero no lo creas. Hoy te aseguro que, incluso cuando sientas que no tienes fuerzas para continuar, hay esperanza en el Señor. Aunque el dolor se sienta como un anzuelo mortal en el corazón, podemos llorar con esperanza. Tenemos el permiso de hacerlo; no es una limitación. Hoy mis lágrimas son derramadas con esperanza.

Esta tierra no es nuestro hogar y tenemos la esperanza de que llega un día en el que ya no experimentaremos ninguna crisis emocional. Nos aguarda un lugar donde jamás nos sentiremos incompletos. Gocémonos en la esperanza y sigamos creyendo a Dios, pues pronto estaremos con Jesús.

"... Gozosos en la esperanza; sufridos en la tribulación; constantes en la oración". (Romanos 12:12, RV60)

38

Sanar Para Consolar A Otros

La aceptación es una etapa esencial en el proceso de sanación durante el duelo. Con el tiempo, comienza a surgir una sensación de paz, acompañada de la capacidad de sentirnos mejor, tanto en soledad como en compañía. Poco a poco, hablamos más tranquilamente, incluso sin llorar al mencionar lo ocurrido, y gradualmente retomamos la rutina diaria. El duelo afecta todas las áreas de nuestro ser, y es importante reconocer que la marca que deja puede acompañarnos toda la vida. Por eso, aceptar lo sucedido y encontrar la paz necesaria para seguir adelante es fundamental.

Habrá recaídas que incluso pueden ser abruptas, de modo especial, las fechas especiales, siempre serán detonantes. El dolor se intensificará nuevamente, pero es que no obviamos nuestra realidad, aunque nos sintamos bien. Hay una frase que se atribuye a Martín Lutero: *"No podemos evitar que los pájaros vuelen sobre nuestra cabeza, pero sí podemos impedir que hagan su nido en ella"*.

Romanos 8:26-27 (RV60) nos recuerda que el Espíritu Santo traduce nuestro sufrimiento en palabras comprensibles para Dios, incluso cuando no podemos entenderlo ni expresarlo. En nuestras temporadas más difíciles, Dios se hace presente y comprende aquello que no tenemos fuerzas para pronunciar. Él entiende la oscuridad que enfrentamos y nos asegura que siempre estará con nosotros. Como declara el Salmo 46:1 (RV60): *"Dios es nuestro amparo y fortaleza, nuestro pronto auxilio en las tribulaciones"*.

Dios, que es luz, es nuestro amigo cuando hay oscuridad. Él, que es la vida, está a nuestro lado cuando hay muerte. Dios, que es nuestra esperanza, es nuestro aliado cuando llega la desesperación. El Príncipe de Paz nos ayuda aun cuando es difícil encontrar la paz. El Dios de toda consolación no se desespera ante nuestra falta de progreso, sino que espera fielmente, muy cerca de nosotros, para darnos el consuelo que necesitamos.

La palabra *consuelo* se define por la Real Academia Española como *"descanso y alivio de la pena"*. El consuelo es el aliciente que nos ayudará a sobrellevar la pena. Tengo la certeza de que somos consolados, por nuestro Salvador Jesús, y por esta razón, entonces podemos consolarnos los unos a los otros. Lo más significativo para quienes atraviesan su proceso de duelo, no son las palabras, sino tener a alguien que esté presente en su sufrimiento.

Para el 3 de diciembre del 2022, a siete meses de estar en mi proceso del duelo, asistí, por insistencia de una amiga, a la actividad de Sanidad Interior de la Dra. Lis Milland que se celebró en el Roberto Clemente. El nombre del evento era *"Vive Libre, Vive Feliz"*. ¡Qué tiempo hermoso y sanador experimenté en ese lugar!

¡Qué presencia de Dios tan palpable se sentía de tal modo que no podía ni articular palabra alguna, sino solo lloraba! Cada exponente testificó acerca de que, en medio de sus procesos, Dios se hizo presente. ¿Cómo olvidar la atmósfera tan sublime del Espíritu Santo, consolando y sanando los corazones de infinidad de mujeres que como yo pasaban por procesos de amargura y duelo? En ese lugar comencé a sentir que lo más intenso del dolor en mi alma iba disminuyendo. Gracias, Dra. Lis Milland, por eventos como estos que nos ayudan a encontrar la sanidad interior.

Te animo a no desaprovechar la ayuda que el Espíritu Santo quiere darte mediante recursos que te brindan sanidad interior. Participa, asiste, no menosprecies esa mano amiga, valora el conocimiento y el apoyo de profesionales, consejeros, pastores y de otros que quieren verte sano.

El Apóstol Pablo en 2 Corintios 1:3-4 (RV60) llama a Dios, *"Padre de misericordias y Dios de toda consolación"* para dar a entender que es un Dios misericordioso, que dispone de suficiente amor y poder para obrar con el consuelo y la fortaleza que necesitan sus hijos en cualquier circunstancia que atraviesen.

En el texto que acabo de mencionar, Pablo, después del saludo inicial, irrumpe con una alabanza y anima a otros a alabar y dar gracias a Dios. Aunque el apóstol dice *"el que nos consuela"*, esto se refiere a que el Dios de toda consolación continuamente lo consuela a él y a quienes sufren. Pablo reitera que todo consuelo proviene de Dios, quien se compadece de sus hijos, que pasan adversidades, tribulación, angustia y dolor.

La compasión es el amor manifestado de Dios que siempre buscará llegar hasta el pecador para transformarlo. Es por compasión a nosotros que Su amor consolador se derrama sin medida. Dios siente un tierno amor por los que padecen, y los consuela en sus horas de necesidad.

Tanto el Apóstol como nosotros experimentamos grandes tribulaciones en el mundo, pero nos reconforta conocer que, a pesar del sufrimiento, tenemos la paz de Cristo. Como receptores del consuelo en nuestra aflicción, debemos luego hacerlo extensivo a otros que también atraviesan por dificultades. Puedo asegurarte de que tendremos la capacidad de ayudar a quienes nos rodean, porque nosotros ya hemos recibido el cuidado consolador de parte de Dios.

Hoy oro a Dios para que, de la misma manera que yo pude ser consolada, puedas tú también hallar consuelo. Con mi escrito intento ayudarte a que recibas esa consolación que yo recibí de Dios.

"Bendito sea el Dios y Padre de nuestro Señor Jesucristo, Padre misericordioso y Dios de toda consolación, quien nos consuela en todas nuestras tribulaciones para que, con el mismo consuelo que de Dios hemos recibido, también nosotros podamos consolar a todos los que sufren. (2 Corintios 1:3-4, NVI)

39

Cerrando El Proceso De Duelo

Cerrar el duelo nos permite avanzar, aunque implica aceptar que la pérdida nos transformó para siempre. Aceptar no es olvidar, sino abrazar la realidad con valentía. La sanidad y la readaptación nos fortalecen, y la reestructuración se vuelve vital para seguir adelante. Perder a un ser querido es un reto lleno de altibajos emocionales, pero sonreír de nuevo no significa olvidar ni traicionar su memoria; es elegir vivir con esperanza.

La decisión de escribir este libro acerca de cómo superar las etapas del duelo ante la pérdida de una persona muy cercana y querida, supuso un gran reto que llevaba inherente una alta complejidad. Créame, hubo ocasiones en las que pensé que ni podía ni debía hacerlo; me asaltó la duda, me sentí incapaz y en mi mente resonaba la pregunta: ¿para qué y para quién vas a escribir? Pero el Señor es bueno, y por diversos medios nos confirmó la necesidad de testificar acerca de cómo Dios me ayudó en este proceso.

Hasta aquí hemos llegado. El dolor disminuirá con el tiempo, aunque es difícil saber cuándo cesará por completo, puedo asegurarte que es posible superarlo. Es fundamental reconectar con la vida y darnos la oportunidad de estar lo mejor posible. Plantear nuevos objetivos en todas las áreas—amistades, familia, vida personal y trabajo—es clave. Volver a ilusionarse y encontrar pasión por la vida será esencial para seguir adelante.

Nuestra capacidad de concentración, así como nuestra memoria, irán mejorando y nos conectaremos nuevamente con lo que habíamos dejado a un lado. Descubriremos nuevos intereses y pasiones como preámbulo a volver a reír. Yo he aceptado y decidí que estaba lista para dejar ir, aunque tenga presente la pérdida y sé que todavía vendrán épocas difíciles.

Ahora debo aprender a vivir en un mundo donde falta nuestro ser amado. La aceptación es clave, aunque llegue en pequeños pasos. Con la ayuda de Dios y nuestra determinación, podemos lograrlo. No temas; permítete adaptarte y seguir adelante. Toma la mano que se extiende para apoyarte y reconfortarte. Tu familia y amigos te necesitan tanto como tú a ellos. Son un recurso esencial. No limites tu vida ni castigues a quienes te aman y desean lo mejor para ti.

El duelo es un proceso de adaptación que requiere una actitud proactiva. Poco a poco, a nuestro propio ritmo y con una mezcla de emociones, hemos avanzado, apoyados por quienes oraron y estuvieron a nuestro lado. Llegue a pensar que nunca lograría estar aquí, pero hoy estoy estable emocionalmente y dispuesta a ayudar a otros pasando por lo mismo.

Me enfrenté al proceso, caminé por el valle de lágrimas, soporté la tormenta y los vientos que vinieron con ella. Lloré desconsoladamente, me sumergí en lo profundo del valle de la depresión. Pero nunca dejé de orar, oré a Dios contándole cómo me afectaba el proceso. Él quiere escucharte a ti también; déjale saber cómo te sientes.

A medida que cerramos el duelo y avanzamos hacia la sanidad, comenzamos un nuevo tiempo de restauración. Nos reintegramos tratando de recomponer las piezas que se fraccionaron. Somos conscientes de que con esto no amamos menos, sino que amamos más. La aceptación es parte del proceso de duelo y no significa que le puse un punto final. Aunque no podremos restituir lo que perdimos, sí podemos restablecer en la medida en que sea posible nuestra vida.

Dios entiende el impacto de nuestro sufrimiento. Él quiere acallar nuestros temores, animarnos en la fe y hacernos abrigar la esperanza y el consuelo que ofrece a nuestras vidas. Te recuerdo lo que dice en Isaías 41:10 (RV60): *"No temas, porque yo estoy contigo; no desmayes, porque yo soy tu Dios que te esfuerzo; siempre te ayudaré, siempre te sustentaré con la diestra de mi justicia"*. No temas, Yo estoy contigo, Yo soy tu Dios, estas son las palabras claves. ¿A qué se puede temer, si vamos de la misma mano de Dios? Él ha estado cerca, pero en la adversidad aún se acerca más.

Continúa en el versículo 13: *"Porque yo Jehová soy tu Dios, quien te sostiene de tu mano derecha, y te dice: No temas, yo te ayudo"*. Dios mismo será nuestra fuerza, valor y poder. Su gloria intervendrá a nuestro favor. Así como un adulto dirige a un niño, Dios promete hacerlo también con nosotros. A pesar de este proceso, Él siempre estuvo con nosotros, nos tomó de la mano derecha y caminó a nuestro lado, tal y como dice el Salmo 73:23 (RV60).

En el cielo no existirán los elementos que causan la aflicción, el dolor, y la pena. Ya no habrá muerte, ni desgracia, ni lamentos, porque todo esto pasará. Él enjugará toda lágrima de los ojos. Toda lágrima significa que cada una... Una por una serán secadas. En realidad no habrá lágrimas que enjugar, pues todas se habrán derramado en este mundo y ninguna en el cielo. No habrá ningún pesar, ni mala noticia que nos sorprenda. Ningún motivo para lamentarse; pronto seremos redimidos por Aquel que venció la muerte en la cruz del Calvario.

Hoy, con fe y esperanza, puedo decir que cierro el proceso de duelo. Dios completa Su obra en mi vida.

"Enjugará Dios toda lágrima de los ojos de ellos; y ya no habrá muerte, ni habrá más llanto, ni clamor, ni dolor; porque las primeras cosas pasaron. Y el que estaba sentado en el trono dijo: He aquí, yo hago nuevas todas las cosas". (Apocalipsis 21:4-5, RV60)

40

Ahora Mis Ojos Te Ven

Hoy llegamos al día cuarenta de nuestra trayectoria en el proceso del duelo, un número significativo en la Biblia, que simboliza el cierre de un ciclo y el comienzo de otro. En las Escrituras, el número cuarenta aparece más de cien veces, siempre en momentos clave.

Algunos ejemplos incluyen a los espías que exploraron la tierra de Canaán por cuarenta días, los desafíos de Goliat a Israel durante el mismo período, la predicación de Jonás en Nínive que llevó al arrepentimiento, y los cuarenta días en los que Jesús, tras resucitar, se apareció a más de quinientas personas. En todos estos casos, el número cuarenta marca un antes y un después, simbolizando transformación y renovación. No pretendo decir que nuestro proceso de duelo dure ese tiempo. Lo que intensiono es explicarte que, aunque pasen eventos inesperados, nosotros debemos decidir que haremos con lo que nos impactó.

La prueba de Job tuvo su inicio cuando perdió todas sus posesiones, seguida de la pérdida de todos sus hijos, eso en un solo día. Poco después le sobrevino una enfermedad que cubrió su cuerpo de dolorosas llagas. Todo esto fue el inicio de un atroz sufrimiento que lo envolvió en un duelo que se prolongó por varios meses. Él atravesó días de intenso dolor y angustia, y anhelaba respuestas que solo Dios le podía brindar.

Finalmente, tras una larga espera, Dios intervino directamente, hablando con Job. Esta manifestación divina marcó el final del período de sufrimiento que Job atravesaba. ¿Hubo algún resultado positivo tras aquella dolorosa experiencia? Sí, el primero fue que a partir de ella conoció a Dios de una forma diferente y mucho más íntima. Tanto la aflicción en que vivió, como su encuentro con Dios, le mostraron la grandeza y el plan perfecto de Dios para la vida de sus hijos. Por haber visto Su manifestación, Job reconoció que había oído hablar de un Dios al que no había conocido del todo.

Dios, que es soberano, alteró por completo el concepto y la imagen de quién en realidad era Él. Job no era consciente de que estaba enfrentando una cruenta lucha espiritual, pero la historia concluye con una descripción del resultado final del conflicto: el enemigo salió derrotado de su debate contra Dios. A pesar de toda la aflicción que Satanás vertió sobre Job, este permaneció fiel y reconoció que lo mejor que le había pasado era que sus ojos habían visto a Dios. Por eso exclamó: *"De oídas te había oído; más ahora mis ojos te ven"*. (Job 42:5, RV60)

Mi proceso de duelo intenso duró casi un año. Fue al decidir cerrar el duelo cuando experimenté que el dolor fuerte en el alma había mermado en intensidad. Esto me movió a un profundo análisis de la respuesta de Job en su crisis, y quedé impresionada por lo que Dios le quiso decir; logré entender que el objetivo de Dios en medio de mi circunstancia era que yo también lo viera a Él.

Hoy doy gracias a Dios al constatar que lo más valioso del proceso que he vivido, ha sido recibir una nueva revelación de Dios para mí. Pude saber que Él estaba presente y no ausente. Como Job había oído hablar de Él, pero no lo conocía del todo, también yo llegué a enamorarme más de Aquel que, en medio de mi torbellino, se manifestó, me consoló y me ayudó.

La muerte de mi sobrino fue un proceso trágico, inesperado y desgarrador. Tal vez percibiste que aún no he revelado la causa de su muerte. Reconozco que aún es difícil desvelarlo, pues jamás imaginé que algo así pudiera sucedernos. Ya en el mundo espiritual se había librado una dura batalla en la que Dios, en el último segundo, mostró su gracia salvadora, como tiempo después nos dejó saber.

Mi sobrino falleció auto-infringiéndose la muerte. Cuando alguien toma esa decisión, ¿qué ocurría en su mente? Te ruego que no juzgues, pues solo Dios tiene el derecho y la sabiduría para hacerlo. Hoy mi familia y yo vivimos con esperanza, y tenemos la paz que solo Él puede dar. Las razones que detonaron este impulso fatal no vienen al caso en este escrito y nos reservamos el espacio de poder seguir procesando este luctuoso evento.

Un tiempo después de la tragedia, mi mamá tuvo un sueño: vio a mi sobrino vestido de blanco, incluso era una elegante ropa de fiesta. Estaba en un salón muy amplio, en el centro del cual había una mesa muy larga. El aspecto de mi sobrino era alegre y dinámico, como haciendo preparativos y organizando un gran evento. Se giró y vio a su *"abuelita"*, como él con tanta emoción le decía. Aproximándose a ella, le dijo en el sueño: *"Abuelita, yo estoy bien, diles a todos que los estoy esperando".*

Al concluir este escrito, anhelo que puedas conocer mi testimonio y cómo, en un proceso de tragedia y de dolor, decidí seguir amando a Dios, más aún de lo que antes lo amaba. Hoy reitero mi confianza en Dios, quien ha sido bueno y permanece siempre fiel.

Dios restauró mi vida y transformó mi dolor en esperanza. Recibí *"óleo de gozo en lugar de luto"*. Su amor, gracia y misericordia hicieron posible lo que parecía imposible dentro de mí. Tú también puedes experimentar esta restauración que proviene de Dios. Permite que el Divino Creador obre en tu vida, sanando incluso eso que no has hablado con nadie.

Gracias, de corazón, por acompañarme todo este tiempo. Estoy convencida de que muy pronto también tú testificarás de cómo Dios te sanó y no dejó de ayudarte.

Hoy puedo decir: *"Ebenezer, hasta aquí no ha dejado de ayudarme el Señor. Dios ha sido bueno".*

"Tomó luego Samuel una piedra y la puso entre Mizpa y Sen, y le puso por nombre Eben-ezer, diciendo: Hasta aquí nos ayudó Jehová.
(1 Samuel 7:12, RV60)

Promesa De Esperanza

"El Espíritu de Jehová, el Señor, está sobre mí, porque me ungió Jehová; me ha enviado a predicar buenas nuevas a los abatidos, a vendar a los quebrantados de corazón, a publicar libertad a los cautivos, y a los presos apertura de la cárcel; a proclamar el año de la buena voluntad de Jehová, y el día de venganza del Dios nuestro; a consolar a todos los enlutados;

*A ordenar que a los afligidos de Sion se les dé gloria en lugar de ceniza, **óleo de gozo** en lugar de luto, manto de alegría en lugar del espíritu angustiado; y serán llamados árboles de justicia, plantío de Jehová, para gloria suya".* (Isaías 61:1-3, RV60)

Acerca De La Autora

Madelin Rosado

La pastora Madelin Rosado es un ejemplo inspirador de fe, servicio y dedicación. Su formación en un hogar cristiano y pastoral marcó las bases para un ministerio lleno de propósito y compromiso. A través de su testimonio de vida, combina su relación con Dios con herramientas prácticas, como su reciente formación en Tanatología Clínica (disciplina que se encarga de estudiar el proceso de muerte), para así impactar positivamente en la vida de quienes enfrentan el duelo y la pérdida.

Su pasión por fortalecer espiritualmente a otros se refleja en sus predicaciones, enseñanzas y conferencias. Además, su enfoque en el manejo de las etapas del duelo busca no solo consolar, sino también restaurar y poder crear comunidades de apoyo. Junto a su esposo, el pastor Josué Troche, forman un equipo pastoral sólido, dedicado a pastorear con amor y devoción. Este matrimonio refleja un compromiso conjunto de liderar con el ejemplo, apoyándose mutuamente en su misión de servir.

El Salmo 27:13, su texto favorito, encapsula su espíritu resiliente y su confianza en la bondad de Dios: *"Hubiera yo desmayado, si no creyese que veré la bondad de Jehová en la tierra de los vivientes."*

Si deseas contactar a la pastora Madelin para recibir orientación en temas relacionados con el duelo, conferencias, o invitarla a ministrar en alguna actividad o iglesia, puedes escribirle a su correo electrónico: **pastoramadelinrosado@gmail.com**.

También puedes seguir su ministerio y mantenerse al tanto de sus publicaciones en su página web, en Facebook e Instagram, donde comparte mensajes inspiradores y recursos que fortalecen la fe y el ánimo espiritual:

Facebook: Pastora Madelin Rosado - Óleo de Gozo

Instagram: pastora_madelinrosado

Página Web: PastoraMadelinRosado.com